LES MEILLEURES RECETTES

CUISINE D'ASIE

LAROUSSE

SOMMAIRE

SALADES ET PETITES ENTRÉES

Salade d'avocats et de crevettes au wasabi

Pour 6 personnes
Préparation : 15 min

2 gros avocats mûrs, mais fermes
250 g de crevettes cuites, décortiquées
2 cœurs de chicorée,
si possible rouges
quelques branches de cresson
6 quartiers de citron vert

POUR LA SAUCE
2 cuill. à café de wasabi
4 cuill. à soupe d'huile d'olive
2 cuill. à soupe de jus de citron vert
1 cuill. à café de miel liquide
sel

1 Préparez la sauce : dans un grand saladier, mélangez bien les ingrédients. Salez et réservez.

2 Coupez les avocats en deux et enlevez le noyau. Découpez la chair en dés, sans enlever la peau, puis retirez-la et mettez les morceaux dans un saladier. Ajoutez les crevettes et la sauce ; mélangez.

3 Séparez les feuilles de chicorée et disposez 2 ou 3 feuilles sur chacune des 6 assiettes ou ramequins. Ajoutez le mélange d'avocats et de crevettes. Complétez par quelques branches de cresson et les quartiers de citron vert.

Crevettes au poivre du Sichuan

Pour 2 personnes
Préparation et cuisson : 15 min

1 cuill. à soupe de poivre du Sichuan
1 cuill. à soupe de gros sel de mer
1 cuill. à soupe de cinq-épices (cannelle, graines de fenouil, anis étoilé, poivre, clou de girofle à parts égales)
2 cuill. à soupe d'huile d'arachide
16 grosses crevettes crues, non décortiquées mais sans les têtes

1 Dans un mortier, écrasez le poivre, le sel et le cinq-épices.

2 Faites chauffer l'huile dans un wok jusqu'à ce qu'elle fume presque. Mettez les crevettes dans le wok et faites-les rissoler en remuant sans cesse, à feu très vif, jusqu'à ce qu'elles prennent une couleur rose et qu'elles soient croustillantes.

3 Éliminez l'excédent d'huile, puis ajoutez 2 cuillerées à café du mélange d'épices et faites rissoler 30 secondes. Servez aussitôt les crevettes avec un petit ramequin de mélange d'épices pour que chaque convive en ajoute selon son goût.

Salade de nouilles de riz aux crevettes

Pour 2 personnes
Préparation et cuisson : 20 min

100 g de nouilles de riz fines
100 g de pois gourmands
2 carottes
100 g de pousses d'épinards
85 g de crevettes cuites décortiquées

POUR LA VINAIGRETTE
1 piment rouge
3 cuill. à soupe de vinaigre de riz
1 cuill. à café de sucre en poudre
1 cuill. à café de sauce nam-pla (à base de poisson)
1 cuill. à soupe de menthe hachée

POUR SERVIR
quelques feuilles de menthe

1 Mettez les nouilles dans un grand saladier résistant à la chaleur et recouvrez-les d'eau bouillante. Laissez-les tremper pendant 4 minutes, puis rincez-les à l'eau froide. Égouttez-les et disposez-les dans un saladier.

2 Coupez les pois gourmands en fines lamelles, râpez les carottes, puis incorporez le tout aux nouilles avec les épinards et les crevettes.

3 Préparez la vinaigrette : épépinez le piment, hachez-le, puis mélangez-le dans un bol avec les autres ingrédients de la vinaigrette jusqu'à ce que le sucre soit dissous. Versez la vinaigrette sur la salade et mélangez délicatement le tout. Parsemez de feuilles de menthe, puis servez aussitôt.

Salade thaïe de poulet

Pour 4 personnes
Préparation et cuisson : 25 min

400 g de blancs de poulet
10 cl de bouillon de poulet
1 morceau de gingembre de 7 cm
2 piments rouges
1 tige de citronnelle
2 gousses d'ail
2 cuill. à soupe de sauce nam-pla (à base de poisson)
3 cuill. à soupe de jus de citron vert
1 petite poignée de feuilles de menthe
1 petite poignée de feuilles de coriandre

POUR SERVIR
1 ou 2 sucrines
1/2 concombre

1 Coupez les blancs de poulet en gros morceaux et mettez-les dans le bol d'un robot. Hachez-les, puis mettez-les dans une poêle chaude. Ajoutez le bouillon de poulet et laissez cuire à feu moyen jusqu'à ce que la viande soit blanche et le bouillon évaporé.

2 Râpez le gingembre, puis épépinez les piments. Coupez les extrémités de la tige de citronnelle et retirez la première feuille, puis hachez le reste avec l'ail et les piments. Ajoutez le tout dans la poêle et prolongez la cuisson de 3 minutes. Arrêtez le feu, puis incorporez la sauce nam-pla et le jus de citron à la préparation. Ajoutez la menthe, la coriandre et mélangez bien le tout.

3 Lavez les sucrines, détachez les feuilles, puis coupez le demi-concombre en bâtonnets. Répartissez la salade de poulet dans les feuilles de sucrine et servez avec les bâtonnets de concombre.

Salade de bœuf à la thaïlandaise

Pour 2 personnes
Préparation et cuisson : 20 min

300 g de rumsteck bien maigre
1 cuill. à café d'huile d'arachide
140 g de raisin noir
85 g de mesclun
140 g de germes de soja
sel et poivre du moulin

POUR LA SAUCE
1 piment rouge
le jus de 1 citron vert
1 cuill. à soupe de sucre roux
1 cuill. à café d'huile d'arachide

POUR SERVIR
riz blanc (facultatif)

1 Badigeonnez la viande d'huile, salez et poivrez. Faites chauffer une poêle, puis mettez la viande à revenir 2 ou 3 minutes de chaque côté. Réservez sur une assiette, couvrez avec une feuille d'aluminium et laissez reposer 5 minutes.

2 Pendant ce temps, préparez la sauce. Épépinez le piment, puis émincez-le. Dans un bol, mélangez le jus de citron vert, le piment, le sucre et l'huile jusqu'à ce que le sucre soit dissous.

3 Coupez les grains de raisin en deux. Répartissez le mesclun, les germes de soja et le raisin dans deux bols. Détaillez la viande en fines lamelles, puis versez le jus de la viande dans la sauce. Nappez les salades de sauce, ajoutez les lamelles de viande, mélangez et servez aussitôt, éventuellement accompagné de riz.

Salade de concombre à la thaïe

Pour 4 personnes
Préparation : 15 min

1 concombre
1 poignée de coriandre
1 poignée de feuilles de menthe
1 laitue romaine
140 g de germes de soja

POUR LA VINAIGRETTE
2 piments rouges
1 cuill. à café de vinaigre de riz
1 cuill. à soupe de sauce de poisson
1/2 cuill. à café de sucre roux

1 À l'aide d'un Économe, détaillez le concombre en lamelles dans la longueur. Émincez, puis hachez la coriandre et la menthe. Lavez, puis essorez la laitue. Mettez le tout dans un saladier.

2 Préparez la vinaigrette. Épépinez les piments et hachez-les. Dans un bol, mélangez les ingrédients de la vinaigrette jusqu'à ce que le sucre soit dissous, puis réservez.

3 Arrosez la salade de vinaigrette et mélangez. Parsemez de germes de soja, puis servez.

Salade de crevettes à la vietnamienne

Pour 2 personnes
Préparation : 20 min

1/2 concombre
1 carotte
6 oignons nouveaux
150 g de grosses crevettes cuites
250 g de vermicelles de riz
1 poignée de coriandre ou 1 poignée de menthe (ou un mélange des deux)
1 cuill. à soupe de cacahuètes grillées

POUR LA SAUCE
1 petit piment rouge
1 petite gousse d'ail
1 cuill. à soupe de sucre roux
le jus de 2 citrons verts
3 cuill. à soupe d'eau

1 Préparez la sauce. Épépinez le piment et pelez l'ail, puis hachez l'ensemble. Dans un mortier, écrasez l'ail, le piment et le sucre jusqu'à l'obtention d'une pâte homogène. Incorporez le jus des citrons verts et l'eau, puis réservez.

2 Pelez le demi-concombre et la carotte. Égrainez le concombre, puis détaillez le tout en fins bâtonnets. Hachez les oignons. Réunissez-les dans un saladier avec les crevettes et les bâtonnets de crudités, puis brassez délicatement l'ensemble. Concassez les cacahuètes et réservez.

3 Portez de l'eau à ébullition dans une bouilloire. Disposez les nouilles dans un autre saladier, puis arrosez-les d'eau bouillante et laissez-les cuire ainsi 10 minutes. Égouttez-les et répartissez-les dans deux bols. Ajoutez la préparation à base de crevettes, la coriandre et les cacahuètes. Servez avec la sauce.

Salade de crevettes et d'ananas

Pour 4 personnes
Préparation : 25 min

1/2 concombre
200 g de tomates cerises
1 petit ananas frais ou 350 g d'ananas en conserve
140 g de germes de soja
250 g de grandes crevettes cuites et décortiquées

POUR LA SAUCE PIMENTÉE
1/2 piment rouge
1 gousse d'ail
1 cuill. à café de sucre roux
le jus de 2 citrons verts
1 ½ cuill. à café de sauce nuoc-mâm (à base de poisson)

POUR SERVIR
1 poignée de feuilles de menthe ciselées
50 g de noix de cajou non salées et grillées

1 Pelez le demi-concombre, épépinez-le, puis détaillez-le lamelles. Coupez les tomates cerises en deux.

2 Préparez la sauce pimentée. Épépinez le demi-piment, puis émincez-le. Pelez l'ail et hachez-le. À l'aide d'un mortier ou d'un petit robot, réduisez le demi-piment, l'ail et le sucre en purée. Incorporez le jus des citrons verts et la sauce nuoc-mâm, puis réservez.

3 Pelez l'ananas, puis coupez-le en quatre et retirez le cœur. Détaillez la chair en morceaux. Dans un saladier, mélangez l'ananas, les germes de soja, les crevettes, le concombre et les tomates, puis nappez d'un peu de sauce pimentée. Répartissez la salade dans des bols. Parsemez de menthe et de noix de cajou. Arrosez du reste de sauce, puis servez sans attendre.

Rouleaux de printemps et sauce aux cacahuètes

Pour 12 rouleaux
Préparation : 45 min

50 g de vermicelles de riz
1 petit oignon rouge
2 grosses carottes
1 poivron rouge
1 poignée de feuilles de coriandre
50 g de roquette
12 galettes de riz
les feuilles de 1 petit bouquet de menthe

POUR LA SAUCE AUX CACAHUÈTES
5 cuill. à soupe de sauce hoisin (à base de fèves de soja, de sucre, de vinaigre et d'épices)
3 cuill. à soupe de beurre de cacahuète
1 cuill. à soupe d'huile de sésame
1 cuill. à café de purée de piment
3 cuill. à soupe d'eau bouillante

1 Préparez la sauce aux cacahuètes : mixez tous les ingrédients en purée fine puis transvasez le mélange dans un bol.

2 Recouvrez les vermicelles d'eau bouillante et laissez-les ramollir pendant 3 minutes. Égouttez-les, étalez-les sur un linge propre et coupez-les en morceaux d'environ 12 cm.

3 Émincez finement l'oignon, coupez les carottes et le poivron en bâtonnets puis ciselez la coriandre. Préparez douze petits tas de légumes, d'herbes, de roquette et de vermicelles mélangés et placez-les sur une plaque.

4 Plongez les galettes de riz l'une après l'autre pendant 30 secondes dans de l'eau chaude pour les assouplir. Égouttez-les sur du papier absorbant. Posez 2 feuilles de menthe, puis un petit tas de légumes et de vermicelles aux herbes sur chacune, entre le centre et le bord de la galette. Repliez les deux côtés opposés sur cette garniture, puis roulez la galette en serrant bien pour former un cylindre. Renouvelez l'opération avec les autres galettes.

5 Servez les rouleaux entiers, ou coupés en biais, avec la sauce aux cacahuètes.

Salade de crevettes aux épinards et à la mangue

Pour 4 personnes
Préparation : 15 min

2 oignons nouveaux
100 g de jeunes pousses d'épinard
200 g de grosses crevettes cuites

POUR LA SAUCE
1 morceau de racine de gingembre de 2 cm, râpé ou finement haché
1 cuill. à soupe de xérès sec
le jus et le zeste de 1/2 orange
3 cuill. à soupe d'huile de tournesol
1 cuill. à café d'huile de sésame grillé
sel et poivre du moulin

1 Préparez la sauce : mélangez au fouet dans un saladier le gingembre, le xérès, le jus et le zeste d'orange et les huiles, avec du sel et du poivre.

2 Coupez la mangue et les oignons en fines lamelles. Tapissez le fond d'un grand saladier avec les épinards puis déposez les crevettes et la mangue par-dessus. Versez la sauce dessus et mélangez le tout délicatement. Ajoutez les oignons nouveaux pour finir et servez.

Brochettes de poulet au citron vert

Pour 36 brochettes
Préparation et cuisson : 30 min

2 gousses d'ail
4 blancs de poulet sans la peau
3 cuill. à soupe de sauce soja
1 cuill. à soupe bombée de piment confit au vinaigre (ou de sauce pimentée)
1 cuill. à soupe d'huile végétale
1 cuill. à soupe bombée de sucre roux
415 g de sauce satay (au rayon « produits du monde »)
1 citron vert

POUR SERVIR
12 rondelles de citron vert

1 Préchauffez le four à 190 °C (therm. 6-7). Pelez l'ail, puis écrasez-le. Coupez les blancs de poulet en 36 lamelles étroites. Mettez-les dans un saladier, avec l'ail, la sauce soja, le piment, l'huile et le sucre, puis mélangez jusqu'à ce que la viande soit bien enrobée de sauce. Enfilez chaque lamelle sur une brochette en bambou. Posez les brochettes sur une plaque de cuisson, puis couvrez-les et réservez au réfrigérateur quelques instants.

2 Enfournez la plaque de cuisson pour 10 minutes. Réchauffez la sauce satay dans une casserole et versez-la dans 12 verrines.

3 Sortez les brochettes du four. Coupez le citron en deux et pressez-le au-dessus des brochettes. Disposez trois brochettes par verrine, puis placez 1 rondelle de citron vert sur le bord. Servez chaud ou froid.

Sashimi de saumon

Pour 2 personnes
Préparation et cuisson : 10 min

300 g de filet de saumon sans la peau
1 morceau de gingembre de 3 cm
1 cuill. à café de graines de sésame
2 cuill. à soupe de ciboulette hachée
1 cuill. à soupe de sauce soja
2 cuill. à café d'huile de sésame

1 Détaillez le saumon en tranches très fines, puis répartissez-les dans deux assiettes. Pelez le gingembre et coupez-le en bâtonnets. Dans une poêle antiadhésive, faites griller les graines de sésame à sec pendant 1 minute en remuant constamment. Parsemez le poisson de ciboulette, de graines de sésame et de gingembre.

2 Dans un bol, mélangez la sauce soja avec l'huile de sésame, puis versez-en sur le poisson et servez.

Tempura de légumes

Pour 6 personnes
Préparation et cuisson : 25 min

POUR LA SAUCE
4 cuill. à soupe de jus de citron
4 cuill. à soupe de sauce soja
1 cuill. à soupe de sucre en poudre

POUR LA PÂTE
25 cl d'eau gazeuse glacée
150 g de farine (si possible à tempura)
1 patate douce
1 aubergine
1 poivron rouge
huile d'arachide pour la friture

1 Préparez la sauce : mélangez tous les ingrédients dans un bol.

2 Préparez la pâte : versez l'eau gazeuse dans un bol, puis saupoudrez la surface de farine. Mélangez rapidement ces ingrédients, sans chercher à supprimer les grumeaux. Réservez.

3 Émincez les champignons, coupez la patate douce et l'aubergine en fines rondelles et le poivron rouge en lamelles.

4 Faites chauffer l'huile de friture dans une sauteuse ou un wok rempli au tiers. Vérifiez la température en y jetant un dé de pain blanc : il doit dorer et remonter à la surface en 30 secondes. Trempez les légumes dans la pâte puis plongez-les aussitôt dans l'huile chaude, par petites quantités. Laissez-les dorer et égouttez-les sur du papier absorbant. Servez accompagné de la sauce.

Thon mi-cuit au sésame

Pour 2 personnes
Préparation : 20 min

2 cuill. à soupe de sauce soja
1 cuill. à soupe de miel liquide
2 tranches de thon épaisses et très maigres
2 cuill. à soupe de graines de sésame grillées
4 oignons nouveaux
1/4 de concombre
1 poignée de feuilles de coriandre

POUR LA SAUCE
2 cuill. à soupe de sauce soja
1 cuill. à café d'huile de sésame
le jus de 1 citron vert
1 piment rouge

1 Préparez une marinade pour le thon : dans un saladier, mélangez la sauce soja et le miel. Laissez macérer les tranches de thon dans cette préparation 10 minutes.

2 Dans une poêle très chaude, saisissez le thon 20 secondes de chaque côté, puis roulez-le dans les graines de sésame et laissez-le reposer 5 minutes.

3 Coupez les oignons en lamelles, épépinez puis coupez le concombre également en lamelles et versez le tout avec la coriandre dans 2 assiettes. Découpez le thon en lamelles et disposez-le à côté des légumes.

4 Préparez ensuite la sauce en mélangeant la sauce soja, l'huile de sésame, le citron et le piment émincé. Placez ce bol à côté du thon et de la salade et savourez sans attendre !

Pakoras de crevettes et d'oignons

Pour 24 pakoras
Préparation et cuisson : 40 min

3 piments verts
1 mangue
4 oignons nouveaux
200 g de crevettes crues et décortiquées
140 g de farine de pois chiches (en épicerie bio ou indienne) ou de blé
2 cuill. à café de garam masala (mélange d'épices indien)
1 cuill. à café de curcuma en poudre
huile végétale
sel du moulin

POUR LA SAUCE
1 morceau de gingembre de 4 cm
huile végétale
20 cl de crème de coco
1 poignée de feuilles de coriandre

1 Préchauffez le four à 30 °C (therm. 1). Épépinez les piments, épluchez la mangue et dénoyautez-la, pelez les oignons, puis hachez le tout. Détaillez les crevettes en morceaux.

2 Dans un saladier, mélangez la farine avec les épices et 1 bonne pincée de sel. Creusez un puits au centre, versez 10 cl d'eau et malaxez jusqu'à obtenir une pâte épaisse. Incorporez les piments, la mangue, les oignons et les crevettes.

3 Mettez 5 cm d'huile à chauffer dans une sauteuse. Faites frire la pâte 3 ou 4 minutes, par fournées de 4 cuillerées à soupe. Égouttez sur du papier absorbant et réservez-les dans le four.

4 Préparez la sauce. Râpez le gingembre, mettez-le dans le bol d'un robot avec la crème de coco et la coriandre, puis mixez jusqu'à l'obtention d'un mélange lisse. Servez la sauce dans un bol à côté des pakoras.

Chapatis aux pois chiches et aux épinards

Pour 4 personnes
Préparation et cuisson : 25 min

2 oignons
400 g de pois chiches en conserve
1 morceau de gingembre de 5 cm
1 cuill. à soupe d'huile d'olive
1 cuill. à soupe de garam masala (mélange d'épices indien)
400 g de tomates cerises
500 g d'épinards
8 chapatis

POUR LA SAUCE AU YAOURT
200 g de yaourt nature allégé
1 cuill. à café de curcuma en poudre
1 poignée de feuilles de menthe

1 Pelez les oignons, puis émincez-les. Égouttez les pois chiches et râpez le gingembre.

2 Faites chauffer l'huile dans une poêle, puis laissez revenir les oignons et le gingembre à feu doux pendant 5 minutes. Incorporez le garam masala, faites-le revenir 1 minute, puis ajoutez les pois chiches et les tomates. Versez 20 cl d'eau et laissez bouillonner jusqu'à ce que la sauce réduise. Intégrez les trois quarts des épinards, puis laissez-les cuire quelques minutes.

3 Préparez la sauce : hachez la menthe puis mélangez-la dans un bol avec les autres ingrédients.

4 Faites chauffer les chapatis quelques minutes au micro-ondes. Répartissez le curry sur les chapatis avec le reste des épinards et 1 cuillerée à soupe de sauce au yaourt.

POPPADUM AUX CREVETTES ET À LA CORIANDRE

POUR 24 POPPADUM
Préparation : 10 min

24 crevettes roses, cuites et décortiquées
24 mini-poppadum (galettes indiennes)
200 g de tzatziki

POUR SERVIR
quelques feuilles de coriandre fraîche
paprika

1 Jusqu'à 2 heures à l'avance, disposez les crevettes sur du papier absorbant, couvrez-les, puis réservez au réfrigérateur. Disposez les poppadum sur un plat de service.

2 Juste avant de servir, garnissez chaque poppadum d'un peu de tzatziki, puis déposez une crevette à la verticale dans la préparation. Ciselez la coriandre et parsemez-en les poppadum. Saupoudrez d'une pincée de paprika et servez sans attendre.

Brochettes d'agneau à l'indienne

Pour 4 personnes
Préparation et cuisson : 30 min

1 oignon
1 petit bouquet de coriandre
500 g d'agneau haché
3 cuill. à soupe de pâte de curry

POUR SERVIR
2 naans (pains indiens)
120 g de mesclun
200 g de raita
sel et poivre du moulin

1 Préchauffez le four à 220 °C (therm. 7-8). Pelez l'oignon et hachez-le, puis ciselez la coriandre. Dans un saladier, réunissez la viande hachée, l'oignon, la pâte de curry et les trois quarts de la coriandre. Assaisonnez et mélangez. Prélevez 2 ou 3 cuillerées à soupe de préparation, puis répartissez-les autour d'une brochette. Renouvelez l'opération avec le reste de la préparation. Disposez les brochettes sur une plaque de cuisson, puis enfournez pour 20 minutes.

2 Faites réchauffer les naans en suivant les instructions figurant sur l'emballage. Servez les brochettes avec la salade et les naans, accompagnées de raita pour les napper.

VIANDES

Consommé de volaille aux nouilles chinoises

Pour 2 personnes
Préparation et cuisson : 25 min

1 piment rouge
2 échalotes
1/2 botte d'oignons nouveaux
2 ou 3 blancs de dinde cuits
1/2 bouquet de coriandre
100 g de vermicelles de riz
50 cl de bouillon de poulet
2 cuill. à soupe de vinaigre de riz ou de cidre
1 cuill. à soupe de sauce soja

1 Épépinez le piment et détaillez-le en fines lamelles. Pelez les échalotes, puis coupez-les en quatre. Émincez les oignons, tranchez la dinde et ciselez grossièrement la coriandre.

2 Faites tremper les vermicelles dans de l'eau bouillante pendant 4 minutes, puis égouttez-les et répartissez-les dans deux assiettes creuses.

3 Dans une casserole, réunissez le piment, les échalotes et le bouillon. Portez le tout à petite ébullition, puis laissez mijoter 3 minutes. Versez le vinaigre et la sauce soja dans la casserole, incorporez les oignons au mélange et prolongez la cuisson de 1 minute. Ajoutez la dinde, puis laissez cuire encore 1 minute. Parsemez de coriandre, versez la préparation sur les vermicelles, puis servez.

Soupe de nouilles au bœuf et aux cèpes

Pour 2 personnes
Préparation et cuisson : 30 min

1 l d'eau
25 g de cèpes séchés
1/2 cube de bouillon de bœuf
1 cuill. à soupe d'huile de tournesol
140 g de bifteck d'aloyau maigre
1 piment rouge
2 gousses d'ail
100 g de brocolis
1 cuill. à café de gingembre finement râpé
2 cuill. à soupe de xérès sec
100 g de nouilles chinoises
25 g de cresson
100 g de pousses de soja

1 Portez l'eau à ébullition dans une casserole. Coupez les cèpes en morceaux et mettez-les dans un saladier, puis recouvrez-les d'eau bouillante. Émiettez le cube de bouillon dans l'eau et réservez.

2 Dans une poêle antiadhésive, faites chauffer l'huile à feu vif. Faites-y revenir la viande 2 minutes de chaque côté, puis réservez dans une assiette.

3 Épépinez le piment, puis hachez-le. Pelez l'ail, écrasez-le, puis détaillez les brocolis en bouquets. Réunissez dans la poêle les légumes avec l'ail, le piment et le gingembre, puis faites revenir le tout 1 minute. Versez le xérès et remuez. Ajoutez le bouillon et les cèpes, puis laissez frémir 4 minutes.

4 Dans un grand bol, arrosez les nouilles d'eau bouillante et réservez. Hachez grossièrement le cresson, puis incorporez-le à la soupe avec le soja et prolongez la cuisson de 2 minutes. Égouttez les nouilles, disposez-les dans deux bols, puis arrosez-les de soupe. Détaillez la viande en fines lamelleset répartissez-les sur les nouilles.

Potage de poulet aux légumes et aux nouilles chinoises

Pour 4 personnes
Préparation et cuisson : 20 min

1 morceau de gingembre de 3 cm
1 gousse d'ail
2 carottes
2 blancs de poulet sans la peau
2 poireaux
175 g de champignons de Paris
3 cuill. à soupe de sauce soja
1,5 l d'eau chaude
85 g de nouilles chinoises aux œufs
sel et poivre du moulin

1 Pelez le gingembre et râpez-le, puis émincez l'ail. Pelez les carottes et coupez-les en bâtonnets. Détaillez les blancs de poulet et les poireaux en lamelles, puis émincez les champignons.

2 Versez la sauce soja et l'eau dans une casserole. Ajoutez l'ail, le gingembre, les carottes et le poulet. Portez à ébullition, puis laissez mijoter 5 minutes.

3 Incorporez les poireaux, les champignons et les nouilles à la préparation, puis prolongez la cuisson de 4 minutes. Assaisonnez selon votre goût et servez bien chaud dans des bols.

Poulet à la chinoise

Pour 4 personnes
Préparation et cuisson : 30 min
Marinade : 15 min

4 filets de poulet sans la peau
1 blanc d'œuf
1 cuill. à soupe de fécule de maïs
+ 1 cuill. à café
1 ou 2 cuill. à soupe d'huile végétale
1 cuill. à soupe de sauce nuoc-mâm
(à base de poisson)
le jus de 1 citron vert
5 cl d'eau
1 morceau de gingembre de 3 cm
1 poivron rouge
1 échalote
1 gousse d'ail
1 piment rouge (facultatif)
quelques feuilles de basilic frais

POUR SERVIR
riz blanc

1 Coupez le poulet en lamelles. Battez le blanc d'œuf avec 1 cuillerée à soupe de fécule de maïs, incorporez le poulet et mélangez bien l'ensemble. Laissez mariner pendant 15 minutes à température ambiante.

2 Retirez le poulet de la marinade et séchez-le avec du papier absorbant. Faites chauffer un wok puis versez-y 1 cuillerée à soupe d'huile. Faites revenir le poulet pendant 5 à 7 minutes en remuant jusqu'à ce qu'il soit à peine cuit. Réservez. Pendant ce temps, mélangez la sauce nuoc-mâm avec le jus de citron vert, l'eau et 1 cuillerée à café de fécule de maïs.

3 Râpez le gingembre. Épépinez le poivron, puis détaillez-le en gros morceaux. Émincez l'échalote, l'ail et éventuellement le piment. Versez, si nécessaire, un peu d'huile dans le wok, faites-y sauter le poivron pendant 1 minute, puis ajoutez le gingembre, l'échalote, l'ail et le piment. Faites revenir le tout pendant 1 ou 2 minutes. Versez le mélange à base de sauce nuoc-mâm dans le wok, puis ajoutez le poulet et réchauffez-le. Incorporez le basilic et servez avec le riz blanc.

Poulet laqué au piment

Pour 4 personnes
Préparation et cuisson : 20 min

3 ou 4 cuill. à soupe de sauce au piment (selon votre goût)
2 cuill. à soupe de miel doux liquide
2 cuill. à soupe d'huile d'olive
4 blancs de poulet avec la peau
2 gousses d'ail
quartiers de citron vert (facultatif)
sel et poivre du moulin

1 Faites chauffer un gril sur feu vif. Préparez le glaçage en mélangeant la sauce au piment, le miel et l'huile dans un grand saladier. Avec un couteau bien aiguisé, incisez les blancs de poulet de trois à quatre entailles. Salez et poivrez à votre convenance, puis soulevez la peau et étalez l'ail pressé sur la chair. Badigeonnez le côté sans la peau des blancs de glaçage et réservez le reste.

2 Placez les blancs de poulet côté peau vers le bas sur le gril et laissez cuire 8 minutes jusqu'à ce que leur surface soit dorée et collante. Retournez-les, badigeonnez le côté peau avec le reste de glaçage et remettez-les sur le gril de 6 à 8 minutes jusqu'à ce qu'ils soient tendres et entièrement cuits. Servez accompagné de quartiers de citron vert, si vous le souhaitez.

Sauté de porc à l'aigre-douce

Pour 2 personnes
Préparation et cuisson : 1 h 30

230 g d'ananas en conserve
1 cuill. à soupe de fécule de maïs
1 cuill. à soupe de sauce tomate
1 cuill. à café de sauce soja
1 cuill. à café de sucre roux
2 ½ cuill. à soupe de vinaigre de vin de riz ou de vinaigre de vin blanc
1 cuill. à soupe d'huile de tournesol
1 poivron rouge
3 oignons nouveaux
200 g de porc désossé et dégraissé

POUR SERVIR
nouilles chinoises ou riz

1 Égouttez l'ananas en réservant le jus, puis coupez-le en morceaux. Dans un saladier, délayez la fécule de maïs avec 4 cuillerées à soupe de jus d'ananas. Ajoutez la sauce tomate, la sauce soja, le sucre, le vinaigre et l'huile, puis remuez le tout.

2 Épépinez le poivron et coupez-le en gros morceaux. Préparez les oignons nouveaux. Coupez-les en quatre, puis en bâtonnets. Détaillez le porc en fines lamelles. Dans la mijoteuse, mélangez la sauce avec le porc, l'ananas, le poivron et les trois quarts des lamelles d'oignon. Couvrez, puis laissez mijoter 1 heure à haute température. Parsemez du reste des lamelles d'oignon. Servez avec des nouilles chinoises ou du riz.

Chow mein de poulet

Pour 4 personnes
Préparation et cuisson : 25 min

1 piment rouge
3 gousses d'ail
1 morceau de gingembre de 5 cm
2 blancs de poulet
1/2 tête de brocoli
3 carottes
3 oignons nouveaux
1 cuill. à soupe de sauce soja
2 cuill. à soupe de purée de tomates
3 blocs de nouilles chinoises aux œufs
1 cuill. à soupe d'huile végétale
300 g de germes de soja
1 cuill. à soupe de sauce d'huîtres
2 cuill. à soupe d'eau

1 Épépinez le piment et pelez l'ail, puis hachez le tout. Pelez le gingembre et râpez-le. Coupez les blancs de poulet en lamelles et détaillez le brocoli en petits bouquets. Pelez les carottes puis émincez-les en bâtonnets. Coupez les oignons en deux dans la longueur, puis hachez-les. Dans un saladier, mélangez l'ail, le gingembre, le piment, la sauce soja et la purée de tomates. Ajoutez le poulet et laissez mariner le tout.

2 Pendant ce temps, portez de l'eau à ébullition dans une grande casserole. Plongez les nouilles chinoises, le brocoli et les carottes dans l'eau bouillante et laissez cuire 4 minutes, puis égouttez l'ensemble.

3 Mettez l'huile à chauffer dans un wok ou une sauteuse. Faites revenir le poulet et sa marinade dans l'huile chaude pendant 4 ou 5 minutes. Ajoutez les nouilles, le brocoli, les carottes, les germes de soja et les oignons, puis réchauffez le tout. Dans un bol, mélangez la sauce d'huîtres et l'eau, incorporez-les à la préparation, puis servez.

Nouilles au bœuf et aux légumes verts

Pour 2 personnes
Préparation et cuisson : 25 min

125 g de bimi ou de brocoli
100 g de pois gourmands
4 oignons nouveaux
175 g de rumsteck maigre
100 g de nouilles chinoises au blé complet
2 cuill. à café d'huile de tournesol
2 cuill. à soupe d'eau
2 cuill. à soupe de sauce soja allégée en sel
2 cuill. à café de graines de sésame
2 cuill. à soupe de miel liquide

1 Détaillez le bimi en petits bouquets, puis tranchez les poids gourmands en deux dans la longueur. Émincez les oignons et coupez la viande en lamelles. Dans une casserole, portez de l'eau salée à ébullition, puis plongez les nouilles 4 minutes dans l'eau bouillante. Égouttez-les et rincez-les à l'eau froide.

2 Mettez la moitié de l'huile à chauffer dans un wok, puis ajoutez le bimi, les pois gourmands et l'eau. Couvrez et laissez cuire 2 minutes. Incorporez les nouilles et la moitié de la sauce soja, puis répartissez la préparation dans deux bols et réservez au chaud.

3 Essuyez le wok avec du papier absorbant et mettez le reste d'huile à chauffer. Faites rissoler la viande à feu vif pendant 2 minutes, sans remuer. Ajoutez les graines de sésame et le miel, mélangez le tout, puis versez le reste de sauce soja et portez à ébullition. Ajoutez les légumes et les nouilles. Servez sans attendre.

PORC À LA CHINOISE ET PAK-CHOÏ

POUR 4 PERSONNES
Préparation et cuisson : 2 h 30

2 gousses d'ail
1 morceau de gingembre de 3 cm
2 cuill. à soupe de sauce soja
3 cuill. à soupe de vin de riz ou de xérès sec
1 anis étoilé
1 cuill. à café de cinq-épices (cannelle, graines de fenouil, anis étoilé, poivre, clous de girofle à parts égales)
1 bâton de cannelle
2 cuill. à soupe de sucre brun en poudre
1 kg d'échine de porc dégraissée

POUR LES LÉGUMES
500 g de pak-choï (chou chinois)
1 ou 2 cuill. à soupe d'eau
huile de sésame
1 cuill. à soupe de graines de sésame grillées

1 Préchauffez le four à 150 °C (therm. 5). Pilez l'ail, râpez le gingembre et mélangez-les, dans une cocotte munie d'un couvercle, avec la sauce soja, le vin, l'anis étoilé, le cinq-épices, la cannelle et le sucre.

2 Coupez la viande en cubes, jetez-les dans la cocotte et remuez à nouveau. Couvrez, enfournez et laissez cuire 2 heures. Sortez la cocotte du four et retirez la viande à l'aide d'une écumoire. Portez la sauce à ébullition à feu vif et faites réduire jusqu'à ce qu'elle épaississe et prenne une consistance onctueuse. Remettez les cubes de viande dans la cocotte et réchauffez l'ensemble en remuant.

3 Pendant ce temps, préparez les légumes : lavez le pak-choï, enlevez les côtes et coupez-le en tronçons. Faites-le cuire quelques instants à feu vif, dans une sauteuse ou un wok, avec l'eau. Couvrez et retirez du feu dès qu'il se défait. Arrosez d'un peu d'huile de sésame et parsemez de graines de sésame grillées. Servez avec le porc.

Porc croustillant à la chinoise

Pour 4 personnes
Préparation et cuisson : 2 h 30
Réfrigération : 2 h

1,3 kg de poitrine de porc avec les os et la peau
2 cuill. à café de cinq-épices (cannelle, graines de fenouil, anis étoilé, poivre, clous de girofle à parts égales)
2 cuill. à café de sel de mer

POUR LA SAUCE
1 morceau de gingembre de 3 cm
1 oignon nouveau
4 cuill. à soupe de sauce soja
1 cuill. à soupe de sauce thaïe au piment doux
2 cuill. à soupe d'eau

POUR SERVIR (FACULTATIF)
riz blanc
légumes cuits à la vapeur

1 Frottez le porc avec le cinq-épices et le sel de mer. Laissez macérer à température ambiante, à découvert au moins 2 heures et toute une nuit si possible.

2 Préchauffez le four à température maximale, puis placez le porc sur une grille dans un plat à rôtir, côté peau vers le haut. Laissez cuire 10 minutes puis baissez la température à 180 °C (therm. 6). Prolongez la cuisson de 1 heure 30. Vérifiez la cuisson du porc ; si la peau n'est pas croustillante, augmentez la température à 220 °C (therm. 7-8) et prolongez la cuisson de 30 minutes. Retirez la viande du four et laissez-la reposer sur une planche au moins 10 minutes avant de la découper.

3 Râpez le gingembre. Préparez la sauce : émincez finement l'oignon et mélangez-le avec les autres ingrédients. Découpez le porc en petits morceaux et servez avec la sauce. Accompagnez éventuellement de riz blanc et de légumes cuits à la vapeur.

Soupe de poulet aux nouilles chinoises

Pour 4 personnes
Préparation et cuisson : 30 min

2 gousses d'ail
2 bok choï (choux chinois)
4 oignons blancs
100 g de poulet cuit
1,3 l de bouillon de poulet
2 anis étoilés
1 morceau de gingembre de 3 cm
85 g de nouilles chinoises aux œufs
1 filet de sauce soja
1 piment rouge doux
1 poignée de feuilles de basilic

POUR SERVIR
huile de sésame (facultatif)

1 Pilez l'ail, hachez les choux puis émincez les oignons et le poulet. Versez le bouillon dans une casserole moyenne. Ajoutez les anis étoilés, le gingembre et l'ail et laissez mijoter 10 minutes à feu doux sans faire bouillir. Deux minutes avant la fin, mettez les bok choï dans une passoire posée au-dessus de la casserole et couvrez pour faire cuire à la vapeur.

2 Jetez les nouilles dans le bouillon en remuant pour les séparer, puis laissez mijoter 4 minutes, jusqu'à ce qu'elles soient tendres. Ajoutez les oignons et le poulet. Assaisonnez à votre convenance avec la sauce soja. Épépinez le piment puis émincez-le. Transférez la préparation dans des bols et parsemez de bok choï, des feuilles de basilic et du piment. Arrosez éventuellement de quelques gouttes d'huile de sésame puis servez.

Nouilles sautées à la dinde et aux haricots verts

Pour 2 personnes
Préparation et cuisson : 30 min

100 g de haricots verts
2 gousses d'ail
6 oignons nouveaux
100 g de nouilles ramen (au rayon « produits du monde » des grandes surfaces)
1 citron vert
3 cuill. à soupe de sauce hoisin
1 cuill. à soupe de sauce pimentée
1 cuill. à soupe d'huile de tournesol
250 g de viande de dinde hachée

1 Coupez les haricots verts en deux. Pelez les gousses d'ail et hachez-les, puis émincez les oignons.

2 Portez une casserole d'eau à ébullition. Plongez les nouilles 1 minute dans l'eau bouillante, ajoutez les haricots verts et prolongez la cuisson de 2 minutes. Égouttez le tout et réservez.

3 Pressez le citron vert. Dans un bol, mélangez la sauce hoisin, le jus de citron et la sauce pimentée. Mettez l'huile à chauffer dans un wok ou dans une poêle, puis faites rissoler la viande jusqu'à ce qu'elle soit bien dorée. Ajoutez l'ail et prolongez la cuisson de 1 minute. Incorporez la sauce, puis prolongez la cuisson de 3 minutes. Complétez avec les nouilles, les haricots verts et la moitié des oignons. Remuez et faites réchauffer le tout 3 minutes, puis parsemez du reste d'oignons et servez.

Vermicelles de riz au porc

Pour 4 personnes
Préparation et cuisson : 30 min

4 carottes
1 oignon rouge
250 g de vermicelles de riz
1 piment rouge
1 poignée de feuilles de menthe
1 poignée de feuilles de coriandre
1 filet d'huile végétale
300 g de porc maigre haché

POUR LA SAUCE
2 piments rouges
le jus de 6 citrons verts
2 cuill. à soupe de sucre en poudre
1 cuill. à soupe de sauce nuoc-mâm
(à base de poisson)

1 Pelez les carottes et détaillez-les en fins bâtonnets. Pelez l'oignon, puis émincez-le. Portez de l'eau à ébullition dans une bouilloire. Disposez les vermicelles dans un grand bol, puis versez l'eau bouillante dessus et laissez-les gonfler 5 minutes. Rincez-les à l'eau froide, égouttez-les et mettez-les dans un saladier. Ajoutez les carottes, l'oignon ainsi que la moitié de la menthe et de la coriandre.

2 Préparez la sauce. Émincez les piments en rondelles. Dans un bol, mélangez le jus des citrons verts, le sucre, la sauce nuoc-mâm et la moitié du piment, puis réservez.

3 Faites chauffer un wok ou une poêle antiadhésive à feu vif. Versez l'huile dans le wok, puis faites revenir la viande hachée jusqu'à ce qu'elle soit bien cuite et dorée, en l'émiettant avec une fourchette. Ajoutez-la dans le saladier, nappez le tout de sauce et mélangez soigneusement. Parsemez du reste de menthe, de coriandre et de piment, puis servez.

Brochettes de bœuf à la citronnelle

Pour 4 personnes
Préparation et cuisson : 45 min
Marinade : 15 min

500 g de filet de bœuf
4 tiges de citronnelle
1 petit piment rouge
4 gousses d'ail
2 échalotes
2 cuill. à soupe de sauce nam-pla (à base de poisson)
2 cuill. à café d'huile végétale

POUR LES ACCOMPAGNEMENTS
carottes
concombre
oignons nouveaux
150 g de vermicelles de riz
1 filet d'huile végétale
12 feuilles de sucrine
coriandre
menthe
aneth
basilic
oignons, ail ou échalotes frits
sauce au piment

1 Coupez la viande en dés. Ôtez les extrémités des tiges de citronnelle, retirez la première feuille et hachez le reste. Épépinez le piment, puis hachez-le finement avec l'ail et les échalotes.

2 Piquez les dés de bœuf sur des brochettes en métal et disposez-les dans un plat creux. Dans un saladier, mélangez la citronnelle avec l'ail, le piment, les échalotes, la sauce nam-pla et l'huile. Versez le mélange sur les brochettes et laissez mariner au frais pendant au moins 15 minutes.

3 Préparez les accompagnements. Coupez les carottes et le concombre en julienne, puis émincez les oignons. Faites tremper les vermicelles dans de l'eau bouillante pendant 4 minutes. Égouttez-les, rincez-les à l'eau froide, puis laissez-les sécher sur un torchon. Coupez-les en petits morceaux et arrosez-les d'un peu d'huile pour les empêcher de devenir collants. Effeuillez les fines herbes, puis disposez tous les accompagnements dans un plat et réservez-les au réfrigérateur.

4 Faites chauffer un gril sur feu vif et mettez les brochettes à cuire 1 minute de chaque côté, puis servez avec les accompagnements et de la sauce au piment.

Bouillon thaï au poulet et aux champignons

Pour 4 personnes
Préparation et cuisson : 15 min

1 citron vert non traité
100 g de champignons de Paris
1 botte d'oignons nouveaux
200 g de poulet rôti
1 l de bouillon de poulet
1 cuill. à soupe de pâte de curry rouge
1 cuill. à soupe de sauce nam-pla
(à base de poisson)
2 cuill. à café de sucre en poudre

1 Prélevez le zeste du citron vert à l'aide d'un Économe et détaillez-le en lamelles. Émincez les champignons, ciselez les oignons nouveaux en séparant les parties blanches des vertes, puis coupez le poulet en morceaux. Versez le bouillon de poulet dans une casserole. Ajoutez la pâte de curry, la sauce nam-pla, le sucre, le jus et les trois quarts du zeste de citron vert. Portez à ébullition, puis ajoutez les champignons et la partie blanche des oignons nouveaux. Couvrez et laissez mijoter 2 minutes.

2 Incorporez les morceaux de poulet et les trois quarts de la partie verte des oignons. Laissez réchauffer le tout quelques minutes à feu doux. Transvasez dans des bols à l'aide d'une louche, parsemez du reste d'oignon et du zeste de citron, puis servez.

Poulet thaï aux pommes et à la mangue

Pour 2 personnes
Préparation et cuisson : 40 min

2 petits piments rouges
1 morceau de gingembre de 4 cm
le zeste de 1 citron vert
3 échalotes
2 cuill. à café d'huile de tournesol
2 blancs de poulet avec la peau
sel et poivre du moulin

POUR LA SALADE
1/2 mangue
1 pomme rouge
3 oignons nouveaux
1 citron vert
les feuilles de 1/2 bouquet de menthe
les feuilles de 1 petit bouquet de coriandre
1 ½ cuill. à café de sauce nam-pla (à base de poisson)
1 pincée de sucre en poudre

POUR SERVIR
riz blanc

1 Préchauffez le four à 200 °C (therm. 6-7). Épépinez les piments et hachez-les avec le gingembre. Mixez les échalotes avec la moitié du piment et le zeste de citron. Faites chauffer la moitié de l'huile dans une poêle, faites-y frire la pâte à base d'échalote pendant 2 minutes, puis assaisonnez. Glissez cette pâte sous la peau des blancs de poulet. Salez, poivrez et mettez-les dans un plat allant au four, puis enfournez pour 20 minutes.

2 Pendant ce temps, préparez la salade. Pelez la demi-mangue, épépinez les pommes, puis détaillez la chair des fruits en julienne. Émincez les oignons, pressez le citron vert et brassez le tout avec la menthe et la moitié de la coriandre. Mélangez à part la sauce nam-pla, le sucre et la moitié du jus de citron.
Mettez les blancs de poulet dans un plat de service. Dégraissez leur jus de cuisson dans une poêle, puis ajoutez le reste du jus de citron vert, 1 filet de sauce nam-pla et faites chauffer à feu doux. Hachez le reste de la coriandre et incorporez-la à la sauce, avec le reste du piment. Arrosez la salade de sauce nam-pla sucrée, mélangez et servez avec le poulet nappé de sauce pimentée et du riz blanc.

Curry thaï aux boulettes de viande

Pour 4 personnes
Préparation et cuisson : 30 min

2 piments rouges
1 morceau de gingembre de 3 cm de long
225 g de pousses de bambou en conserve
140 g de haricots verts fins
500 g de steak haché maigre
1 œuf
1 cuill. à soupe d'huile de tournesol ou d'huile végétale
1 à 1 ½ cuill. à soupe de pâte de curry thaï rouge (selon l'intensité souhaitée)
40 cl de lait de coco en conserve
20 cl d'eau
1 citron vert
20 g de basilic
sel et poivre du moulin

POUR SERVIR
riz basmati ou nouilles de riz (facultatif)

1 Hachez un piment et coupez l'autre en rondelles. Pelez le gingembre, puis râpez-le. Égouttez les pousses de bambou. Rincez-les, puis égouttez-les de nouveau. Équeutez les haricots verts. Dans un saladier, réunissez la viande, le piment haché, le gingembre et l'œuf. Assaisonnez, puis mélangez avec les mains et façonnez vingt boulettes.

2 Dans une poêle antiadhésive, mettez l'huile à chauffer. Faites dorer les boulettes 5 minutes, puis réservez-les dans une assiette. Mettez la pâte de curry à revenir 1 minute dans la poêle. Mouillez avec le lait de coco et l'eau, puis portez à ébullition et remuez.

3 Remettez les boulettes dans la poêle, avec les pousses de bambou et les haricots. Laissez frémir 5 minutes. Pressez le citron, puis versez le jus dans la poêle. Ajoutez le basilic et assaisonnez. Parsemez de rondelles de piment, puis servez éventuellement avec du riz ou des nouilles.

Nasi goreng

Pour 4 personnes
Préparation et cuisson : 35 min

350 g de riz
2 ½ cuill. à soupe d'huile de tournesol
2 gousses d'ail
450 g de blancs de poulet sans la peau
1 poivron rouge
1 cuill. à soupe de curry
1 bouquet de ciboules
2 cuill. à soupe de sauce soja + un peu pour servir
2 œufs
50 g de cacahuètes grillées
4 cuill. à soupe de feuilles de coriandre ciselées
sel

1 Faites cuire le riz de 12 à 15 minutes dans de l'eau bouillante salée. Égouttez bien. Pendant ce temps, faites chauffer 2 cuillerées à soupe d'huile de tournesol dans un wok ou une sauteuse.

2 Pelez et hachez grossièrement l'ail, détaillez le poulet en gros morceaux, épépinez et coupez le poivron en dés. Faites-les dorer dans le wok ou la sauteuse en remuant pendant 10 minutes. Ajoutez le curry et laissez cuire 1 minute. Émincez finement les ciboules et ajoutez-les avec le riz. Laissez cuire encore 5 minutes, jusqu'à ce que le mélange soit brûlant. Versez la sauce soja et mélangez.

3 Poussez le riz sur un bord du wok ou de la sauteuse, versez le reste d'huile et cassez les œufs. Remuez, jusqu'à ce que les œufs soient légèrement brouillés. Mélangez-les au riz. Concassez grossièrement les cacahuètes et parsemez-en le plat. Ajoutez la coriandre, puis arrosez d'un filet de sauce soja. Servez aussitôt.

Sauté de bœuf thaï

Pour 4 personnes
Préparation et cuisson : 15 min

1 piment rouge
400 g de bifteck
2 cuill. à soupe d'huile végétale
2 cuill. à soupe de sauce d'huîtres
1 poignée de basilic

POUR SERVIR
riz blanc

1 Faites chauffer un wok ou une grande poêle. Pendant ce temps, épépinez le piment, émincez-le, puis coupez le bifteck en lamelles. Mettez l'huile à chauffer dans le wok et faites revenir la viande avec le piment pendant 3 minutes. Incorporez la sauce d'huîtres à la préparation, puis prolongez la cuisson en mélangeant jusqu'à ce que la viande soit chaude et enrobée de sauce.

2 Effeuillez le basilic, parsemez-en le plat, et servez avec du riz.

Tataki de bœuf et salade de roquette

Pour 2 personnes
Préparation et cuisson : 15 min

200 g de steak dégraissé
10 radis
1/2 oignon rouge
50 g de roquette
1 cuill. à café de graines de sésame

POUR LA SAUCE
1 citron vert
4 cuill. à soupe de sauce soja
1 cuill. à soupe d'huile de sésame
1 cuill. à café de sucre en poudre

1 Préchauffez un gril sur feu vif. Faites griller le steak 2 minutes de chaque côté pour qu'il soit entre saignant et à point, puis laissez-le reposer 5 minutes. Pendant ce temps, émincez les radis, le demi-oignon, puis répartissez-les dans deux assiettes avec la roquette.

2 Coupez la viande en fines lamelles et disposez-les sur la salade.

3 Préparez la sauce. Pressez le citron, versez le jus dans un bol, puis ajoutez la sauce soja, l'huile de sésame et le sucre. Fouettez le tout à l'aide d'une fourchette et arrosez la préparation de sauce. Dans une poêle antiadhésive, faites griller les graines de sésame à sec pendant 1 minute, puis parsemez-en le tataki et servez.

YAKITORI DE POULET

POUR 4 PERSONNES
Préparation et cuisson : 35 min

8 oignons nouveaux
3 blancs de poulet sans la peau

POUR LE GLAÇAGE
8 cl de sauce soja légère
5 cl de mirin
5 cl de saké

1 Préparez le glaçage : portez tous les ingrédients à ébullition dans une casserole et laissez bouillir 3 minutes, jusqu'à ce que le mélange devienne sirupeux. Pendant ce temps, faites tremper huit piques à brochettes dans de l'eau chaude.

2 Faites chauffer le gril du four à température maximale. Assemblez les brochettes en alternant tronçons d'oignons nouveaux et lamelles de poulet, disposez-les sur un plat et badigeonnez-les de glaçage. Enfournez pour 12 minutes, en retournant et en badigeonnant les brochettes régulièrement, jusqu'à ce que le poulet soit cuit. Présentez l'ensemble des brochettes dans un saladier et laissez chacun se servir.

BŒUF TERIYAKI ET SALADE AU FENOUIL

POUR 4 PERSONNES
Préparation et cuisson : 20 min
Marinade : 10 à 15 min

- 2 cuill. à soupe de sauce soja pauvre en sel
- 1 cuill. à soupe de vinaigre de vin rouge
- 1 cuill. à café de miel liquide
- 4 biftecks d'aloyau ou rumstecks dégraissés de 125 g chacun
- 1 citron vert

POUR LA SALADE AU FENOUIL

- 1 grosse carotte
- 1 bulbe de fenouil
- 1 oignon rouge
- 1 poignée de coriandre

1 Dans un plat creux, mélangez la sauce soja avec le vinaigre et le miel. Ajoutez la viande, puis laissez-la mariner de 10 à 15 minutes.

2 Préparez la salade au fenouil. Râpez la carotte, le fenouil et l'oignon, puis réunissez le tout dans un saladier. Ajoutez la coriandre, mélangez et réservez au frais.

3 Faites chauffer un gril à feu vif. Retirez les biftecks de la marinade en réservant la sauce, puis faites-les griller de 3 à 5 minutes de chaque côté en fonction de leur épaisseur et du degré de cuisson souhaité. Réservez les biftecks dans une assiette. Versez le reste de la marinade dans le gril, puis laissez bouillonner jusqu'à ce que la sauce épaississe.

4 Pressez le citron et versez le jus sur la salade au fenouil. Répartissez-la dans quatre assiettes, puis ajoutez les biftecks. Nappez-les de sauce et servez.

Poulet à la citronnelle et au lait de coco

Pour 4 à 6 personnes
Préparation et cuisson : 40 min

1 morceau de gingembre de 3 cm
2 tiges de citronnelle
1 piment rouge
500 g de blancs de poulet, sans la peau
1 citron vert
1 poignée de basilic
1 poignée de coriandre
80 cl de lait de coco
3 cuill. à soupe de sauce nuoc-mâm (à base de poisson)
6 feuilles de citron vert séchées
2 cuill. à café de sucre roux

POUR SERVIR
riz thaï au jasmin

1 Râpez le gingembre et coupez la citronnelle en rondelles. Épépinez le piment, hachez-le, puis détaillez le poulet en dés. Pressez le citron et hachez le basilic avec la coriandre.

2 Dans une casserole, incorporez tous les ingrédients, sauf le poulet, le jus de citron et les aromates. Portez à petite ébullition et laissez cuire 5 minutes.

3 Ajoutez le poulet et faites mijoter à couvert 15 minutes. Versez le jus de citron sur la préparation, incorporez les aromates, puis servez avec du riz.

Poulet korma aux oignons

Pour 4 personnes
Préparation et cuisson : 40 min

4 gousses d'ail
4 blancs de poulet, sans la peau
2 oignons
4 cuill. à soupe d'huile de tournesol
1 ½ cuill. à café de garam masala (mélange d'épices indien)
1 bonne pincée de piment de Cayenne en poudre
500 g de yaourt nature
50 g d'amandes en poudre
1 poignée de feuilles de coriandre
sel et poivre du moulin

POUR SERVIR
riz basmati

1 Écrasez les gousses d'ail et coupez le poulet en dés.

2 Hachez un oignon. Faites chauffer la moitié de l'huile dans une casserole, ajoutez l'oignon haché avec les gousses d'ail et laissez-les revenir à feu moyen 2 ou 3 minutes. Arrosez de 1 cuillerée à soupe d'huile, incorporez le garam masala et le piment de Cayenne, puis prolongez la cuisson de 1 minute. Mélangez bien. Ajoutez le poulet et faites cuire 2 ou 3 minutes. Incorporez le yaourt et les amandes, puis laissez mijoter de 8 à 10 minutes à feu doux.

3 Pendant ce temps, faites chauffer le reste d'huile dans une poêle antiadhésive, émincez l'oignon restant et laissez-le dorer. Enlevez-le de la poêle et réservez sur du papier absorbant pour l'égoutter.

4 Ciselez la coriandre, parsemez-en la préparation dans la casserole, puis assaisonnez. Répartissez les oignons frits sur le poulet et servez avec du riz.

COQUELETS À L'ASIATIQUE

POUR 6 PERSONNES
Préparation et cuisson : 1 h 10

3 coquelets
4 cuill. à soupe de miel
1 cuill. à café de cinq-épices (cannelle, graines de fenouil, anis étoilé, poivre, clous de girofle à parts égales)
5 gousses d'ail
1 morceau de gingembre de 3 cm
huile végétale
25 cl de bouillon de volaille
12,5 cl de vin rouge
10 cl de sauce soja
sel et poivre du moulin

POUR SERVIR
4 oignons nouveaux
2 piments rouges

1 Préchauffez le four à 180 °C (therm. 6). Salez et poivrez les coquelets, mettez-les dans un plat allant au four, enduisez-les de miel et saupoudrez-les de cinq-épices. Pelez puis émincez l'ail, coupez le gingembre en fins bâtonnets et versez ces ingrédients dans une casserole avec 2 cuillerées à soupe d'huile. Faites-les dorer 2 minutes à feu vif puis ajoutez le bouillon, le vin rouge et la sauce soja. Laissez cuire 10 minutes à petite ébullition, versez sur les coquelets et couvrez le plat d'une feuille d'aluminium.

2 Enfournez et laissez cuire 30 minutes puis retirez la feuille d'aluminium et augmentez la température du four à 220 °C (therm. 7-8). Prolongez la cuisson de 20 minutes. Pendant ce temps, émincez finement les oignons et les piments.

3 Coupez chaque coquelet en deux avec un grand couteau ou des ciseaux à volaille. Nappez d'un peu de sauce et parsemez d'oignons et de piments.

Poulet tikka masala

Pour 4 personnes
Préparation et cuisson : 1 h

4 blancs de poulet découpés en 4 à 6 morceaux (environ 450 g)
4 cuill. à soupe de pâte de curry tikka masala

POUR LA SAUCE
1 cuill. à soupe d'huile
1 oignon
1 cuill. à soupe de garam masala
400 g de tomates concassées en conserve
2 cuill. à café de purée de tomate
2 cuill. à café de sucre en poudre
15 cl de crème fraîche épaisse
1 cuill. à soupe d'amandes en poudre
sel
1 petit bouquet de coriandre

POUR SERVIR
riz

1 Dans un saladier, déposez les morceaux de poulet et la pâte de curry ; mélangez et laissez macérer 1 heure.

2 Préchauffez le four à 220 °C (therm. 7-8). Pendant ce temps, préparez la sauce : dans une casserole, faites chauffer l'huile. Hachez l'oignon et mettez-le à revenir jusqu'à ce qu'il soit translucide et commence à dorer. Ajoutez le garam masala et poursuivez la cuisson 1 minute, puis ajoutez les tomates concassées, la purée de tomate et le sucre, et portez presque à ébullition. Laissez mijoter de 10 à 15 minutes, jusqu'à ce que le mélange réduise et épaississe, puis ajoutez la crème et les amandes et prolongez la cuisson de 2 ou 3 minutes.

3 Étalez les morceaux de poulet sur une grille placée au-dessus d'un plat allant au four et faites-les griller 15 minutes. Quand le poulet est cuit, mettez-le dans la sauce, salez et ajoutez une noix de beurre et la coriandre. Servez avec du riz.

Pois chiches épicés au poulet tandoori

Pour 2 personnes
Préparation et cuisson : 20 min

400 g de pois chiches en conserve
1 tomate mûre
1 petite poignée de jeunes pousses d'épinard
20 cl de bouillon de légumes, fait maison ou reconstitué à partir d'un cube
1 cuill. à soupe bombée de pâte de curry korma ou kashmiri
1 gros blanc de poulet tandoori ou tikka cuit
1 bouquet de coriandre
3 cuill. à soupe de yaourt nature
sel et poivre du moulin

POUR SERVIR
naan (pains indiens) grillés

1 Égouttez et rincez les pois chiches puis hachez la tomate et les pousses d'épinard. Déposez le tout dans un saladier.

2 Dans une casserole, portez le bouillon à ébullition avec la pâte de curry, versez-le sur le mélange de pois chiches et remuez. Couvrez hermétiquement avec du film alimentaire, sortez du feu et attendez 1 ou 2 minutes que les épinards fondent.

3 Pendant ce temps, découpez le poulet en tranches et hachez la moitié de la coriandre. Dans un bol, mélangez la coriandre hachée au yaourt.

4 Salez et poivrez les pois chiches et le bouillon et versez-le à la louche dans 2 assiettes creuses. Déposez le poulet sur le dessus, avec le yaourt et les feuilles de coriandre. Servez avec des naan grillés.

CURRY DE PORC AUX HARICOTS VERTS

POUR 4 PERSONNES
Préparation et cuisson : 35 min

250 g de haricots verts
1 morceau de gingembre de 3 cm
500 g de filet mignon de porc
30 cl de bouillon de légumes
400 g de cœurs de palmier en conserve
1 citron vert non traité
1 cuill. à soupe d'huile végétale
4 cuill. à café de pâte de curry rouge
2 cuill. à soupe de sauce nuoc-mâm (à base de poisson)
2 cuill. à soupe de sucre roux
40 cl de lait de coco
1 poignée de basilic et de coriandre

POUR SERVIR
nouilles de riz (facultatif)

1 Équeutez les haricots verts, râpez le gingembre et découpez le porc en lamelles. Réchauffez le bouillon. Égouttez les cœurs de palmier, rincez-les, puis coupez-les en rondelles. Prélevez le zeste du citron vert et pressez le fruit.

2 Dans une casserole, portez de l'eau salée à ébullition, puis laissez cuire les haricots verts pendant 5 minutes. Égouttez-les et faites-les refroidir sous un jet d'eau froide.

3 Faites chauffer l'huile dans une autre casserole, ajoutez le curry, le gingembre et laissez-les revenir à feu doux. Incorporez le porc et le bouillon, portez-les à ébullition, puis faites cuire 5 minutes.

4 Ajoutez la sauce nam-pla, le sucre, le lait de coco, les cœurs de palmier, le zeste et le jus de citron. Faites cuire 5 minutes et incorporez les haricots verts à mi-cuisson. Parsemez de basilic et de coriandre, puis servez, si vous le souhaitez, avec des nouilles de riz.

Poulet au citron vert et aux noix de cajou

Pour 1 personne
Préparation et cuisson : 20 min

2 cuill. à soupe de miel doux liquide
le jus et le zeste de 2 citrons verts
1 cuill. à café d'huile végétale
1 blanc de poulet sans la peau
50 g de noix de cajou non salées
3 oignons nouveaux
150 g de nouilles chinoises précuites
1 petit bouquet de coriandre fraîche

1 Dans un bol, mélangez au fouet le miel, le jus et le zeste des citrons verts. Faites chauffer l'huile à feu vif dans un wok ou une poêle antiadhésive. Faites-y sauter 4 ou 5 minutes le poulet détaillé en lamelles jusqu'à ce qu'il soit doré, ajoutez les noix de cajou et les oignons hachés, puis prolongez la cuisson de 1 minute.

2 Séparez les nouilles. Incorporez-les dans le wok avec le contenu du bol en mélangeant pour bien les réchauffer. Ajoutez enfin la coriandre ciselée et servez sans attendre.

Sauté de poulet au sésame

Pour 2 personnes
Préparation et cuisson : 20 min

175 g de pâtes aux œufs
2 cuill. à café d'huile de tournesol
2 blancs de poulet
3 carottes
2 citrons verts
2 cuill. à soupe de miel clair
1 cuill. à soupe de sauce soja
3 cuill. à soupe de graines de sésame grillées
1 petit bouquet de coriandre

1 Faites cuire les pâtes. Égouttez-les et mélangez-les avec 1 cuillerée à café d'huile pour éviter qu'elles ne collent.

2 Pendant ce temps, coupez les blancs de poulet en lamelles et les carottes en bâtonnets. Faites chauffer le reste d'huile dans un grand wok, mettez-y le poulet et faites-le sauter à feu vif pendant quelques minutes. Ajoutez les carottes, puis faites revenir 4 minutes environ, jusqu'à ce que le poulet soit cuit.

3 Pressez les citrons verts. Incorporez le miel, la sauce soja et le jus de citron vert à la préparation en mélangeant délicatement. Laissez bouillonner 30 secondes, puis versez les graines de sésame et les pâtes. Mélangez bien l'ensemble. Ciselez grossièrement la coriandre, réchauffez brièvement la préparation, puis parsemez de coriandre juste avant de servir.

Bœuf au piment et au brocoli

Pour 2 personnes
Préparation et cuisson : 20 min

Huile pour la cuisson
300 g de faux-filet
3 cuill. à soupe de farine de maïs
1 petite tête de brocoli
2 gousses d'ail
1 morceau de racine de gingembre frais de 5 cm
1 cuill. à café de flocons de piment séchés
4 cuill. à soupe de sauce soja mélangée à 5 cuill. à soupe de sucre
le jus de 2 citrons verts

POUR SERVIR
1 botte d'oignons nouveaux

1 Dans un wok, faites chauffer une bonne quantité d'huile au fond (sur au moins 5 cm d'épaisseur). Coupez le faux-filet en fines lamelles et mélangez celles-ci dans une assiette avec la farine de maïs. Quand l'huile est bien chaude, faites frire la viande, par fournées successives, jusqu'à ce qu'elle soit dorée et croustillante. Égouttez les morceaux de bœuf.

2 Jetez la plus grande partie de l'huile de la poêle, découpez le brocoli en fleurons et l'ail en tranches, puis hachez le gingembre. Déposez dans l'huile qui reste les fleurons de brocoli, l'ail, le gingembre et le piment. Faites-les frire, sans cesser de remuer, pendant 1 minute.

3 Versez la sauce soja sucrée et le jus des citrons verts et faites-les chauffer 2 minutes. Ajoutez le bœuf, coupez les oignons en biseau et versez-les dans la poêle puis servez.

AGNEAU ÉPICÉ AUX PETITS POIS

POUR 8 PERSONNES
Préparation et cuisson : 2 h 20

1 morceau de gingembre de 5 cm
2 oignons
2 piments rouges
1,6 kg de gigot d'agneau
30 cl de bouillon d'agneau ou de légumes
8 gousses d'ail
les feuilles de 1 bouquet de coriandre
2 cuill. à soupe de graines de fenouil
2 cuill. à soupe de cumin en poudre
2 cuill. à soupe de coriandre en poudre
2 cuill. à soupe d'huile d'olive
800 g de tomates concassées en conserve
2 cuill. à soupe de purée de tomates
200 g de petits pois surgelés
sel et poivre du moulin

POUR SERVIR
1 poignée de menthe

1 Râpez le gingembre. Pelez les oignons et coupez-les en quartiers. Épépinez les piments. Détaillez le gigot en dés et réchauffez le bouillon.

2 Mettez dans le bol d'un robot le gingembre, les oignons, l'ail, les piments et les deux tiers des feuilles de coriandre, puis réduisez-les en pâte. Enduisez l'agneau des graines de fenouil, du cumin et de la coriandre en poudre.

3 Mettez l'huile à chauffer dans une casserole et faites revenir l'agneau en plusieurs fois pendant 4 ou 5 minutes. Transposez-le dans la casserole, incorporez la pâte à base de gingembre, puis laissez revenir de 8 à 10 minutes en remuant. Ajoutez les tomates, la purée de tomates et le bouillon. Portez à ébullition, couvrez et laissez mijoter 1 heure 30 à feu doux.

4 Incorporez les petits pois, puis assaisonnez. Laissez mijoter 3 ou 4 minutes à feu doux. Parsemez le plat des feuilles de coriandre restantes et de menthe, puis servez.

POISSONS

Nouilles de riz aux crevettes et à l'avocat

Pour 2 personnes
Préparation et cuisson : 20 min

100 g de nouilles de riz
1 avocat
100 g de crevettes cuites décortiquées
sel

POUR LA SAUCE AU LAIT DE COCO
1/2 citron vert
1 morceau de gingembre de 7 cm
4 cuill. à soupe de lait de coco
1 cuill. à soupe de ciboulette hachée

1 Mettez les nouilles à tremper dans de l'eau bouillante jusqu'à ce qu'elles soient tendres. Égouttez-les, rincez-les sous l'eau froide, puis égouttez-les de nouveau et transvasez-les dans un saladier.

2 Préparez la sauce au lait de coco. Pressez le demi-citron et râpez finement le gingembre. Dans un bol, réunissez le lait de coco, la ciboulette, le jus de citron et le gingembre, puis mélangez bien le tout.

3 Coupez l'avocat en deux, dénoyautez-le et tranchez la chair. Incorporez-la délicatement aux nouilles avec les crevettes, puis nappez de sauce au lait de coco. Salez, mélangez soigneusement et servez.

Riz sauté aux crevettes et aux petits pois

Pour 4 personnes
Préparation et cuisson : 25 min

250 g de riz basmati
60 cl d'eau
1 piment rouge
2 gousses d'ail
1 botte d'oignons nouveaux
2 œufs
2 cuill. à soupe d'huile végétale
200 g de petits pois surgelés
250 g de crevettes cuites
1 cuill. à soupe de sauce soja

POUR SERVIR
sauce soja (facultatif)

1 Dans une casserole, réunissez le riz et l'eau. Portez à ébullition, couvrez et laissez frémir jusqu'à ce que le riz ait absorbé pratiquement toute l'eau. Retirez la casserole du feu, sans la découvrir, et laissez reposer 5 minutes.

2 Pendant ce temps, épépinez le piment et pelez l'ail, puis hachez le tout. Émincez les oignons et battez les œufs dans un bol. Mettez l'huile à chauffer dans un wok ou dans une sauteuse, puis faites revenir l'ail et le piment pendant 10 secondes. Ajoutez le riz et prolongez la cuisson de 1 minute. Rassemblez la préparation sur un côté du wok et versez les œufs battus de l'autre côté. Remuez-les à l'aide d'une fourchette pour qu'ils soient brouillés, puis ajoutez les petits pois et les oignons. Mélangez les ingrédients dans le wok jusqu'à ce que les petits pois soient tendres. Ajoutez les crevettes et la sauce soja, puis réchauffez le tout. Servez éventuellement avec un peu de sauce soja.

Filets de cabillaud et légumes à l'asiatique

Pour 2 personnes
Préparation et cuisson : 25 min

85 g de mini-épis de maïs
85 g de champignons de Paris
2 bok choï (choux chinois)
2 filets de cabillaud sans la peau, de 140 g chacun

POUR LA SAUCE
1 gousse d'ail
1/2 piment rouge
1 morceau de gingembre de 5 cm
2 cuill. à café de sauce soja
1 cuill. à soupe d'alcool de riz
1 cuill. à soupe de miel liquide

POUR SERVIR
riz vapeur

1 Coupez le maïs et les champignons en deux, dans la longueur. Divisez les bok choï en deux. Tapissez le fond et les parois d'un cuit-vapeur d'une grande feuille de papier sulfurisé. Répartissez le maïs et les champignons dans le cuit-vapeur, puis disposez le cabillaud dessus.

2 Préparez la sauce. Pelez l'ail, puis émincez-le. Épépinez le demi-piment et détaillez-le en fines rondelles. Pelez le gingembre, puis coupez-le en fins bâtonnets. Dans un bol, mélangez la sauce soja, l'alcool de riz, le miel, l'ail, le piment et le gingembre.

3 Arrosez le poisson avec la moitié de la sauce. Posez les bok choï sur le poisson, puis nappez du reste de sauce. Mettez de l'eau dans le fond du cuit-vapeur, couvrez soigneusement et faites cuire 15 minutes. Servez le cabillaud et les légumes avec leur jus, accompagnés de riz cuit à la vapeur.

Soupe de nouilles chinoises au saumon

Pour 2 personnes
Préparation et cuisson : 20 min

2 cuill. à soupe de pâte de curry rouge
20 cl de lait de coco allégé
50 cl de bouillon de poulet
2 filets de saumon sans la peau de 125 g chacun
100 g de nouilles chinoises aux œufs sèches
1 cuill. à soupe de sauce nam-pla (à base de poisson)
1 citron vert
1 piment rouge
2 oignons nouveaux

POUR SERVIR
quelques feuilles de coriandre
quartiers de citron vert

1 Dans une grande casserole antiadhésive, faites chauffer la pâte de curry pendant 2 minutes. Versez le lait de coco et le bouillon de poulet dans la casserole, puis laissez mijoter 5 minutes. Baissez le feu, ajoutez les filets de saumon et faites-les pocher 4 ou 5 minutes, jusqu'à ce qu'ils soient juste cuits.

2 Pendant ce temps, faites cuire les nouilles dans une casserole d'eau bouillante jusqu'à ce qu'elles soient tendres.

3 Égouttez les nouilles, puis répartissez-les dans deux bols et déposez un filet de saumon dans chacun d'eux. Pressez le citron et incorporez le jus à la soupe avec la sauce nam-pla. Épépinez le piment, coupez-le en lamelles, puis émincez les oignons. Versez la soupe dans les bols et parsemez de piment, d'oignon et de coriandre. Ajoutez un quartier de citron vert dans chaque bol, puis servez.

Soupe chinoise aux légumes et aux crevettes

Pour 2 personnes
Préparation et cuisson : 30 min

1 morceau de gingembre de 2 cm
1 tige de citronnelle
2 gousses d'ail
60 cl de bouillon de poulet
1 filet de sauce soja
200 g de légumes mélangés (haricots mangetout, mini-épis de maïs, petit chou chinois, petites carottes)
100 g de grosses crevettes décortiquées
100 g de nouilles de riz plates
1 piment rouge
quelques oignons nouveaux

1 Émincez le gingembre. Coupez les extrémités de la citronnelle, jetez la première feuille, puis écrasez le reste avec l'ail. Réunissez le tout dans une casserole, ajoutez le bouillon de poulet et laissez mijoter 10 minutes. Retirez le gingembre, la citronnelle et l'ail à l'aide d'une écumoire, puis jetez-les. Versez la sauce soja dans la casserole et ajoutez les légumes. Prolongez la cuisson de 2 ou 3 minutes, puis incorporez les crevettes à la préparation et laissez cuire quelques minutes.

2 Faites tremper les nouilles dans de l'eau pendant 5 minutes, puis transvasez-les dans une casserole d'eau bouillante et laissez-les cuire jusqu'à ce qu'elles soient tendres.

3 Pendant ce temps, épépinez le piment, coupez-le en lamelles, puis émincez les oignons. Égouttez les nouilles et répartissez-les dans deux bols. Couvrez-les de légumes et de bouillon, puis parsemez de piment, d'oignons et servez.

Soupe de nouilles aux crevettes

Pour 4 personnes
Préparation et cuisson : 25 min

2 tiges de citronnelle
1 morceau de gingembre de 3 cm
1 piment vert
2 gousses d'ail
1 petit bouquet de coriandre
1/2 citron vert
90 cl de bouillon de poulet
100 g de nouilles chinoises aux œufs
2 cuill. à soupe de sauce nam-pla (à base de poisson)
1 pincée de sucre en poudre
12 grosses crevettes crues décortiquées avec leur queue
sel et poivre du moulin

POUR SERVIR
4 brins de coriandre
quartiers de citron vert

1 Écrasez la citronnelle à l'aide d'un rouleau à pâtisserie. Pelez le gingembre, épépinez le piment, puis hachez-les finement avec l'ail. Ciselez la coriandre et pressez le demi-citron.

2 Dans une grande casserole, réunissez le bouillon de poulet, la citronnelle, le gingembre, le piment et l'ail. Portez à ébullition, puis ajoutez les nouilles et laissez mijoter 4 minutes.

3 Incorporez successivement la sauce nam-pla, le jus de citron, le sucre et les crevettes à la préparation. Laissez mijoter 3 ou 4 minutes, jusqu'à ce que les crevettes soient roses.

4 Arrêtez le feu, parsemez de coriandre, puis assaisonnez selon votre goût et mélangez, en ajoutant de la sauce nam-pla, si vous le souhaitez. Répartissez la soupe dans quatre bols, décorez chaque bol d'un brin de coriandre et servez sans attendre, avec des quartiers de citron vert.

Nouilles asiatiques aux crevettes et au chou chinois

Pour 4 personnes
Préparation et cuisson : 20 min

1 morceau de gingembre de 4 cm
4 bok choï (choux chinois)
4 oignons nouveaux
1 l de bouillon de poulet
2 cuill. à soupe de sauce d'huîtres
2 cuill. à soupe de sauce hoisin
1 cuill. à soupe de sauce nuoc-mâm (à base de poisson)
300 g de grosses crevettes décortiquées (crues ou cuites)
500 g de nouilles udon

1 Coupez le gingembre en julienne et les bok choï en quatre. Émincez les oignons. Dans un wok ou une grande poêle, portez le bouillon à ébullition. Incorporez le gingembre et les sauces. Laissez mijoter quelques minutes. Si les crevettes sont crues, ajoutez-les et laissez-les mijoter jusqu'à ce qu'elles soient roses, puis intégrez le chou. Si elles sont déjà cuites, ajoutez les deux ingrédients en même temps. Prolongez la cuisson jusqu'à ce que les bok choï commencent à fondre.

2 Ajoutez les nouilles et mélangez pour les séparer. Laissez mijoter 2 minutes. Parsemez d'oignons et servez dans le wok.

Soupe de nouilles chinoises au crabe

Pour 2 personnes
Préparation et cuisson : 10 min

60 cl de bouillon de légumes (fait maison ou reconstitué à partir d'un cube)
2 cuill. à café de sauce de poisson
2 cuill. à café de sauce pimentée sucrée
50 g de nouilles de riz fines
100 g de mélange de légumes chinois
170 g de chair de crabe au naturel en conserve
1 poignée de coriandre

1 Réchauffez ou reconstituez le bouillon dans une casserole, ajoutez-y la sauce de poisson et la sauce pimentée puis laissez sur le feu jusqu'à ce que le mélange frémisse.

2 Dans un autre récipient, faites bouillir une bonne quantité d'eau. Mettez les nouilles et les légumes dans un grand saladier résistant à la chaleur, couvrez-les d'eau bouillante, laissez-les tremper 4 minutes, jusqu'à ce que les nouilles soient bien cuites et que les légumes soient encore croquants, puis égouttez le tout.

3 Répartissez la préparation dans deux bols, émiettez le crabe par-dessus, couvrez de bouillon et parsemez de coriandre ciselée avant de servir.

SOUPE DE CREVETTES AU CURRY

POUR 2 PERSONNES
Préparation et cuisson : 20 min

50 g de grosses nouilles de riz
2 ou 3 cuill. à soupe de pâte de laksa (curry malais)
40 cl de lait de coco
50 cl de bouillon de volaille (fait maison ou reconstitué à partir d'un cube)
150 g de grosses crevettes cuites
1 poignée de pousses de soja
1/4 de concombre
1 petit bouquet de coriandre

1 Placez les nouilles de riz dans un grand récipient, recouvrez-les d'eau bouillante et laissez-les tremper de 5 à 7 minutes.

2 Dans une grande poêle ou un wok, faites revenir la pâte de laksa 3 ou 4 minutes à feu vif, avec 1 cuillerée à soupe de lait de coco. Ajoutez le bouillon et le reste de lait de coco, remuez et laissez cuire 2 minutes à feu doux.

3 Décortiquez les crevettes en conservant l'éventail de l'extrémité. Mettez les crevettes dans le bouillon, puis les pousses de soja et réchauffez bien l'ensemble. Égouttez les nouilles, répartissez-les dans deux assiettes puis versez le bouillon aux crevettes dessus.

4 Détaillez le quart de concombre en fins bâtonnets. Au moment de servir, parsemez la soupe de bâtonnets de concombre et de feuilles de coriandre.

Soupe de maïs thaïe aux crevettes

Pour 4 personnes
Préparation et cuisson : 20 min

3 cuill. à soupe de pâte de curry rouge
40 cl de lait de coco
200 g de maïs
16 tomates cerises
200 g de crevettes crues décortiquées
50 cl de bouillon de poulet ou de légumes
1 petit bouquet de coriandre

1 Faites chauffer la pâte de curry dans une casserole jusqu'à ce qu'elle commence à frire. Incorporez le lait de coco au curry, puis portez à petite ébullition. Ajoutez le maïs et laissez cuire 3 minutes.

2 Coupez les tomates cerises en deux, puis ajoutez-les dans la casserole avec les crevettes et prolongez la cuisson de 1 minute. Versez le bouillon dans la casserole et remuez le tout. Hachez grossièrement la coriandre, parsemez-en la préparation et servez.

PAD THAÏ

POUR 2 OU 3 PERSONNES
Préparation et cuisson : 30 min

125 g de nouilles de riz
3 cuill. à soupe de jus de citron vert
1/2 cuill. à café de piment de Cayenne
2 cuill. café de sucre roux
2 cuill. à soupe de sauce nam-pla (à base de poisson)
4 oignons nouveaux
25 g de cacahuètes salées
2 cuill. à soupe d'huile végétale
200 g de crevettes tigrées décortiquées avec la queue
140 g de germes de soja
1 poignée de feuilles de coriandre

POUR SERVIR
quartiers de citron vert
sauce au piment doux

1 Faites tremper les nouilles 5 minutes dans un saladier rempli d'eau, puis transvasez-les dans une casserole d'eau bouillante et laissez-les cuire jusqu'à ce qu'elles soient tendres. Rincez-les sous l'eau froide, puis égouttez-les.

2 Dans un bol, mélangez le jus de citron avec le piment de Cayenne, le sucre et la sauce nam-pla. Émincez les oignons, puis hachez les cacahuètes.

3 Mettez l'huile à chauffer dans une poêle et faites frire les crevettes jusqu'à ce qu'elles soient roses. Ajoutez les oignons et les nouilles dans la poêle, puis mélangez le tout. Incorporez la sauce citronnée et les germes de soja avec la moitié des cacahuètes et de la coriandre à la préparation. Prolongez la cuisson de 1 minute.

4 Transférez le pad thaï dans un grand plat. Parsemez du reste des cacahuètes et de la coriandre, puis servez avec des quartiers du citron vert et de la sauce au piment doux.

Tilapia à la sauce thaïe

Pour 2 personnes
Préparation et cuisson : 30 min

4 filets de tilapia
ou autre poisson blanc
2 cuill. à soupe de fécule de maïs
2 cuill. à soupe d'huile de tournesol
4 oignons nouveaux
2 gousses d'ail
1 morceau de gingembre de 2 cm
2 cuill. à soupe de sauce soja
1 cuill. à soupe de sucre roux
le jus de 1 citron vert

POUR SERVIR
1 piment rouge
1 citron vert
1 poignée de feuilles
de basilic thaï ou de coriandre

1 Enrobez les filets de poisson de fécule de maïs et réservez-les. Dans une grande poêle antiadhésive, mettez l'huile à chauffer. Saisissez les filets de poisson 2 ou 3 minutes de chaque côté jusqu'à ce qu'ils soient croustillants et réservez-les au chaud.

2 Émincez les oignons, écrasez l'ail et hachez le gingembre, puis faites revenir le tout quelques minutes dans la poêle. Ajoutez la sauce soja, le sucre roux et le jus de citron vert, puis laissez mijoter jusqu'à l'obtention d'une sauce légèrement sirupeuse.

3 Pendant ce temps, épépinez et émincez le piment. Coupez le citron en quartiers. Nappez le poisson de sauce, parsemez-le de piment et de basilic thaï, et servez-le avec des quartiers de citron vert.

Saumon thaï mariné

Pour 4 personnes
Préparation et cuisson : 30 min
(+ temps de marinade)

1 piment rouge
2 gousses d'ail
1 bouquet de coriandre
1 cuill. à soupe de sauce nam-pla ou nuoc-mâm (à base de poisson)
1 cuill. à soupe d'huile de sésame
2 cuill. à soupe de miel liquide
4 filets de saumon
1/4 de concombre
1/2 oignon rouge
poivre du moulin

POUR SERVIR
4 cuill. à soupe de sauce au piment doux

1 Épépinez le piment puis hachez-le, de même que l'ail et la coriandre. Dans un saladier, déposez le saumon avec le piment, l'ail, la coriandre, la sauce nam-pla ou nuoc-mâm, l'huile de sésame et le miel. Poivrez et mettez au réfrigérateur au minimum 20 minutes et jusqu'à une nuit entière.

2 Dans une poêle, faites griller le saumon 10 minutes environ jusqu'à ce qu'il soit croustillant sur les bords. Si vous l'aimez bien cuit plutôt que rose au milieu, laissez-le cuire jusqu'à ce qu'il soit bien ferme au toucher.

3 Émincez le concombre et le demi-oignon et parsemez-les sur le saumon. Servez avec la sauce au piment doux dans un ramequin à côté.

LAKSA AUX CREVETTES

POUR 1 PERSONNE
Préparation et cuisson : 18 min

1 gousse d'ail
1 piment vert
1 oignon nouveau
2 cuill. à café d'huile végétale
2 cuill. à café de gingembre haché
le jus de 1/2 citron vert
100 g de crevettes crues décortiquées
15 cl de lait de coco en conserve
10 cl de bouillon de volaille ou de légumes
100 g de nouilles chinoises aux œufs
sel et poivre du moulin

POUR SERVIR
1 cuill. à soupe de coriandre ciselée

1 Pelez l'ail, épépinez le piment, puis hachez le tout avec l'oignon. Mettez l'huile à chauffer dans une grande casserole ou un wok. Faites revenir l'ail, le piment, l'oignon et le gingembre à feu moyen pendant 3 ou 4 minutes, puis arrosez de jus de citron vert.

2 Incorporez les crevettes à la préparation, versez le lait de coco et le bouillon dans la casserole, puis laissez mijoter 5 minutes à feu doux.

3 Pendant ce temps, portez une casserole d'eau salée à ébullition. Faites cuire les nouilles dans l'eau bouillante pendant 4 minutes, puis égouttez-les et incorporez-les à la soupe. Assaisonnez selon votre goût et versez le laksa dans un bol. Parsemez de coriandre, puis servez.

Bouillon de volaille teriyaki

Pour 2 personnes
Préparation et cuisson : 20 min

1,3 l de bouillon de légumes
1/2 cuill. à café de gingembre frais
1 cuill. à soupe de sauce teriyaki ou soja
1/4 de cuill. à café de cinq-épices
50 g de nouilles de riz ou aux œufs
50 g de champignons
140 g d'un mélange de légumes
85 g de poulet rôti sans la peau
1/2 cuill. à café de graines de sésame
sauce pimentée
sel et poivre du moulin

1 Dans une casserole, faites frémir le bouillon de légumes. Râpez le gingembre et ajoutez-le au bouillon ainsi que la sauce teriyaki ou soja et le cinq-épices.

2 Ajoutez les nouilles et laissez cuire 3 ou 4 minutes en remuant de temps en temps pour les détacher. Émincez les champignons. Incorporez-les ainsi que le mélange de légumes. Laissez cuire pendant quelques minutes, puis ajoutez le poulet coupé en lanières. Laissez frémir pendant encore 1 ou 2 minutes.

3 Salez et poivrez, si nécessaire, et versez dans des bols chauds. Saupoudrez de graines de sésame et servez avec la sauce pimentée.

Brochettes de saumon au piment doux

Pour 4 personnes
Préparation et cuisson : 15 min
Marinade : 20 min

- 4 cuill. à soupe de sauce au piment doux
- le jus de 1 citron vert
- 4 filets de saumon de 150 g sans la peau
- huile
- sel et poivre du moulin

1 Dans un bol, mélangez la sauce au piment doux et le jus de citron vert. Versez la moitié du mélange dans un petit bol et réservez. Coupez le saumon en cubes de 3 cm de côté. Enfilez-les sur quatre piques à brochettes et badigeonnez du reste de sauce au piment et citron vert. Laissez mariner 20 minutes.

2 Allumez un barbecue ou faites chauffer un gril en fonte à feu vif. Ôtez l'excès de marinade des brochettes, arrosez d'huile, salez, poivrez et faites cuire 8 minutes en retournant de temps en temps, jusqu'à ce que le saumon s'émiette facilement. Servez chaud avec la sauce au piment et citron vert réservée.

Curry de saumon aux haricots verts

Pour 4 personnes
Préparation et cuisson : 15 min

1 oignon
2 filets de saumon sans la peau de 250 g chacun
200 g de haricots verts
1 cuill. à café d'huile végétale
1 cuill. à soupe de pâte de curry rouge
25 cl de lait de coco allégé
1 poignée de feuilles de coriandre

POUR SERVIR
riz (facultatif)

1 Pelez l'oignon, puis émincez-le. Coupez le saumon en dés, puis équeutez les haricots verts.

2 Faites chauffer l'huile dans une poêle, puis versez la pâte de curry. Incorporez l'oignon et faites-le blondir pendant 5 minutes. Versez le lait de coco et portez à ébullition.

3 Laissez réduire, puis ajoutez le saumon et les haricots. Faites mijoter à feu doux 5 minutes. Parsemez de coriandre et, si vous le souhaitez, servez avec du riz.

Korma aux amandes et aux crevettes

Pour 4 personnes
Préparation et cuisson : 20 min

1 oignon
400 g de crevettes crues, décortiquées et surgelées
1 cuill. à soupe d'huile de tournesol
2 cuill. à soupe de pâte de curry korma
3 cuill. à soupe d'amandes en poudre
1 poignée de feuilles de coriandre

POUR SERVIR
riz

1 Pelez l'oignon et hachez-le. Faites décongeler les crevettes.

2 Mettez l'huile à chauffer dans une poêle, ajoutez l'oignon et faites-le dorer 5 minutes. Incorporez les crevettes et laissez-les cuire, jusqu'à ce qu'elles deviennent roses, en les retournant de temps en temps.

3 Ajoutez la pâte de curry, les amandes en poudre, puis versez 15 cl d'eau sur la préparation. Portez à ébullition et laissez cuire 2 ou 3 minutes. Ciselez la coriandre, parsemez-en le curry et servez avec du riz.

POISSON TIKKA

POUR 6 PERSONNES
Préparation et cuisson : 25 min

2 dorades entières de 900 g environ chacune (ou 6 steaks de thon ou autre poisson bien charnu)
1 morceau de gingembre de 3 cm
4 gousses d'ail
6 cuill. à soupe de yaourt nature
2 cuill. à soupe d'huile d'olive
2 cuill. à café de curcuma
2 cuill. à café de piment doux en poudre
3 cuill. à café de graines de cumin
sel et poivre du moulin

POUR SERVIR
salade
riz blanc
chutney de mangue

1 Incisez la peau du poisson de chaque côté avec un couteau tranchant. Râpez le gingembre. Pressez l'ail. Mélangez le gingembre et l'ail, salez, puis frottez le poisson entier (ou les steaks de poisson) avec cette préparation.

2 Mélangez le yaourt avec l'huile et les épices ; salez et poivrez. Retournez le poisson dans ce mélange et glissez-en également à l'intérieur, puis mettez-le au réfrigérateur jusqu'au moment de le cuire.

3 Allumez un barbecue ou préchauffez le gril du four à feu moyen puis faites cuire directement sur la grille du barbecue (ou sur une feuille d'aluminium si vous craignez que le poisson ne colle) de 6 à 8 minutes de chaque côté pour le poisson entier, 2 ou 3 minutes pour les steaks de poisson. Accompagnez de salade, de riz et de chutney de mangue.

Jinga crevettes et noix de coco

Pour 4 personnes
Préparation et cuisson : 20 min

1 oignon
1 morceau de gingembre de 3 cm
2 tomates
1 citron
2 cuill. à soupe d'huile végétale
2 cuill. à soupe de pâte de curry doux
85 g de crème de coco
1 cuill. à soupe de riz basmati
1 cuill. à café de purée de tomates
500 g de crevettes cuites et décortiquées
sel

POUR SERVIR
1 poignée de feuilles de coriandre
copeaux de noix de coco (facultatif)

1 Pelez et hachez l'oignon, râpez le gingembre, émincez les tomates et pressez le citron. Ciselez les feuilles de coriandre.

2 Faites chauffer l'huile dans une poêle et mettez l'oignon à blondir avec le gingembre. Incorporez la pâte de curry et laissez cuire à feu doux 2 minutes. Versez la crème de coco dans un bol et délayez-la avec 15 cl d'eau chaude. Versez-la dans la poêle.

3 Faites cuire le riz. Ajoutez les tomates, la purée de tomates et le jus de citron dans la poêle. Salez et laissez mijoter 5 minutes. Ajoutez les crevettes 2 minutes avant la fin du temps de cuisson. Servez sur le riz, parsemé de coriandre et, si vous le souhaitez, de noix de coco.

Barbue à l'asiatique aux légumes verts

Pour 4 personnes
Préparation et cuisson : 20 min

4 pavés ou filets de barbue de 175 g
2 gousses d'ail
1 morceau de racine de gingembre de 5 cm
huile végétale
2 cuill. à café de pâte de tamarin
72 cl d'eau chaude
2 cuill. à soupe de sauce soja
2 petits piments verts ou rouges
1 bouquet de coriandre
400 g de légumes verts
2 oignons nouveaux

1 Préchauffez le four à 200 °C (therm. 6-7). Avec un couteau bien aiguisé, faites des entailles sur l'une des faces des pavés de barbue (ou côté peau si ce sont des filets). Émincez l'ail et coupez le gingembre en petits morceaux et badigeonnez la barbue d'ail et de gingembre. Arrosez une plaque de cuisson avec un peu d'huile et déposez le poisson dessus (si ce sont des filets, mettez le côté peau vers le haut). Passez 8 minutes au four (6 minutes pour des filets).

2 Dans une petite casserole, diluez la pâte de tamarin dans l'eau chaude pour former un mélange homogène. Ajoutez la sauce soja. Épépinez et tranchez les piments, versez-en la moitié dans la casserole et réchauffez à feu doux. Sortez du feu. Hachez la coriandre en prenant soin d'en garder quelques feuilles pour la présentation et versez-la dans la préparation.

3 Faites cuire les légumes verts de 2 à 4 minutes à la vapeur. Quand ils sont tendres, disposez-les sur des assiettes et déposez les morceaux de poisson grillé sur le dessus. Coupez les oignons en petits morceaux et parsemez-les sur les assiettes avec le reste de piment et les feuilles de coriandre réservées, et servez avec la préparation au tamarin.

RECETTES VEGGIES ET ACCOMPAGNEMENTS

Soupe asiatique aux champignons et aux pois gourmands

Pour 4 personnes
Préparation et cuisson : 25 min

200 g de champignons de Paris
140 g de pois gourmands
3 oignons nouveaux
1 cuill. à café d'huile d'arachide
1 ou 2 cuill. à soupe de pâte de curry vert
70 cl de bouillon de légumes
30 cl de lait de coco allégé
200 g de nouilles de riz plates
100 g de germes de soja
1 ½ cuill. à soupe de sauce nuoc-mâm (à base de poisson)
le jus de 1 citron vert

POUR SERVIR
quelques feuilles de menthe et de coriandre

1 Nettoyez les champignons, émincez-les, puis coupez les pois gourmands en deux dans la longueur. Émincez les oignons.

2 Faites chauffer une grande casserole à feu moyen, puis versez l'huile et faites revenir la pâte de curry pendant 1 minute. Mouillez avec le bouillon de légumes et le lait de coco. Portez à ébullition, puis réduisez le feu. Ajoutez les nouilles et laissez frémir 7 minutes à feu doux. Incorporez les champignons et les pois gourmands, puis prolongez la cuisson de 3 minutes. Complétez avec les germes de soja, la sauce nuoc-mâm et le jus de citron vert. Retirez la casserole du feu.

3 Transvasez la soupe dans deux bols, puis ajoutez les oignons. Parsemez de menthe et de coriandre, puis servez.

Nouilles au tofu et aux légumes

Pour 4 personnes
Préparation et cuisson : 30 min

200 g de tofu
1 botte d'asperges vertes
1 morceau de gingembre de 2 cm
3 cuill. à soupe de sauce soja
2 cuill. à soupe de vinaigre de riz assaisonné
1 cuill. à soupe de mirin ou 2 cuill. à café de sucre en poudre
2 cuill. à soupe de farine de maïs
1 cuill. à soupe d'huile de tournesol
1 l d'eau
50 g de fèves surgelées
50 g de petits pois surgelés
400 g de nouilles udon prêtes à l'emploi

POUR SERVIR
feuilles de coriandre
huile pimentée

1 Égouttez le tofu et séchez-le avec du papier absorbant, puis détaillez-le en 8 gros dés. Coupez les asperges en quatre. Pelez le gingembre, puis râpez-le. Dans un saladier, mélangez la sauce soja, le vinaigre et le mirin. Ajoutez le tofu et mélangez le tout.

2 Préchauffez le four à 120 °C (therm. 4). Répartissez la farine de maïs sur une assiette. Retirez le tofu de la marinade, en réservant le liquide, puis enrobez-le de farine. Faites chauffer une poêle, versez-y de l'huile de tournesol et faites dorer le tofu. Posez-le sur du papier absorbant, puis réservez-le au four.

3 Dans une casserole, versez l'eau et la marinade, puis portez le tout à ébullition. Ajoutez les asperges, les fèves, les petits pois et le gingembre, puis laissez frémir 2 ou 3 minutes. Incorporez les nouilles et prolongez la cuisson de 1 minute. Répartissez la préparation dans quatre bols, puis disposez les morceaux de tofu par-dessus. Garnissez de feuilles de coriandre, arrosez d'huile pimentée et servez.

Nouilles chinoises aux champignons et au brocoli

Pour 2 personnes
Préparation et cuisson : 25 min

1 petite tête de brocoli
250 g de shiitake
ou de champignons de Paris
1 grosse gousse d'ail
4 oignons nouveaux
1 cube de bouillon de légumes
2 nids de nouilles chinoises aux œufs
1 cuill. à soupe d'huile de sésame
1/2 cuill. à café de piment en poudre
2 cuill. à soupe de sauce hoisin

POUR SERVIR
1 poignée de noix de cajou grillées

1 Détaillez le brocoli en bouquets. Nettoyez les champignons et coupez-les en tranches. Pelez l'ail, puis hachez-le. Émincez les oignons. Mettez le cube de bouillon dans une casserole d'eau. Portez à ébullition, puis ajoutez les nouilles et laissez cuire 2 minutes à la reprise de l'ébullition. Ajoutez le brocoli et prolongez la cuisson de 2 minutes. Réservez l'équivalent d'une tasse de bouillon, puis égouttez les nouilles et le brocoli.

2 Dans une poêle ou dans un wok, mettez l'huile de sésame à chauffer. Faites sauter les champignons 2 minutes, puis ajoutez l'ail, le piment et les trois quarts des oignons. Prolongez la cuisson de 1 minute. Incorporez les nouilles et le brocoli à la préparation, puis mouillez avec 3 cuillerées à soupe du bouillon réservé et la sauce hoisin. Mélangez 1 minute, à l'aide d'une pince ou de deux cuillères en bois. Parsemez de noix de cajou et du reste d'oignons, puis servez.

Nouilles au tofu

Pour 4 personnes
Préparation et cuisson : 25 min

250 g de nouilles chinoises
3 cives
2 gousses d'ail
1 morceau de gingembre frais de 2 cm de long
1 cuill. à soupe d'huile végétale
285 g de tofu
230 g de pousses de bambou en conserve
100 g de haricots mange-tout
100 g de pousses de soja
2 cuill. à soupe de sauce soja
2 cuill. à soupe de sauce au piment douce

1 Faites cuire les nouilles. Pendant ce temps, épluchez et émincez les cives, pelez et hachez finement l'ail et le gingembre. Chauffez l'huile végétale dans une poêle et faites fondre ces ingrédients pendant 1 ou 2 minutes.

2 Détaillez le tofu en cubes. Ajoutez-le et faites dorer 2 ou 3 minutes à feu vif. Émincez les pousses de bambou et les haricots, puis incorporez-les avec les pousses de soja et faites revenir 1 ou 2 minutes.

3 Égouttez les nouilles, versez-les dans la poêle avec la sauce soja et la sauce au piment. Mélangez, chauffez et servez aussitôt.

Nouilles chinoises aux patates douces

Pour 2 personnes
Préparation et cuisson : 35 min

2 patates douces de taille moyenne
1 cuill. à café de graines de cumin
1 cuill. à café d'huile de tournesol
25 g de nouilles chinoises
1 avocat
1/2 oignon rouge
2 poignées de pousses d'épinards
sel et poivre du moulin

POUR LA VINAIGRETTE
1/2 orange non traitée
1 cuill. à café d'huile de tournesol
2 cuill. à café de vinaigre de vin rouge
sel et poivre du moulin

1 Préchauffez le four à 200 °C (therm. 6-7). Pelez les patates douces, coupez-les en gros morceaux, puis enrobez-les de cumin et d'huile. Assaisonnez selon votre goût. Répartissez les morceaux de patate douce sur une plaque de cuisson et enfournez pour 25 minutes.

2 Pendant ce temps, faites cuire les nouilles, puis égouttez-les. Versez 1 cm d'huile dans un wok. Laissez frire les nouilles pendant 30 secondes, en procédant en deux fois. Égouttez-les sur du papier absorbant.

3 Préparez la vinaigrette. Râpez le zeste d'orange et pressez le fruit. Dans un bol, réunissez l'huile, le vinaigre de vin rouge, le zeste et le jus de l'orange. Assaisonnez, puis battez au fouet.

4 Coupez l'avocat en deux, retirez le noyau et la peau, puis détaillez la chair en lamelles. Émincez le demi-oignon. Dans un saladier, réunissez les patates douces, les épinards et l'avocat, puis arrosez de vinaigrette. Servez dans des assiettes avec les nouilles.

Soupe à la noix de coco façon thaïe

Pour 3 personnes
Préparation et cuisson : 30 min

25 g de gingembre frais
2 gousses d'ail
2 branches de citronnelle
3 ou 4 piments oiseau
1 cuill. à soupe d'huile végétale
4 feuilles de kaffir ou de citron vert
40 cl de lait de coco
20 cl de crème de coco
500 g d'un mélange de légumes en morceaux
feuilles de basilic et de coriandre pour décorer

1 Pelez le gingembre et l'ail, puis émincez-les. Écrasez les branches de citronnelle et les piments oiseau. Dans un wok ou une sauteuse, chauffez l'huile végétale et faites revenir tous ces ingrédients pendant 30 secondes.

2 Écrasez les feuilles de kaffir ou de citron vert. Ajoutez-les et versez le lait et la crème de coco. Portez à ébullition, couvrez et laissez doucement frémir 15 minutes en remuant de temps en temps.

3 Ajoutez les légumes et portez de nouveau à ébullition. Laissez frémir 2 ou 3 minutes en remuant souvent, jusqu'à ce que les légumes soient cuits mais toujours croquants. Versez dans les bols et servez parsemé de basilic et de coriandre.

Soupe thaïe aux légumes

Pour 4 personnes
Préparation et cuisson : 25 min

2 carottes
3 oignons nouveaux
6 tomates cerises
1 ½ cuill. à soupe de pâte de curry thaï rouge
1 cuill. à café d'huile végétale
1 l de bouillon de légumes
40 cl de lait de coco en conserve
2 cuill. à café de sucre roux
175 g de nouilles aux œufs
1/2 chou chinois
150 g de germes de soja
1 citron vert
sel et poivre du moulin

POUR SERVIR
quelques feuilles de coriandre

1 Pelez les carottes et coupez-les en bâtonnets. Tranchez les tomates en deux. Coupez les oignons en deux, puis émincez-les finement dans le sens de la longueur. Dans une grande poêle ou dans un wok, mettez la pâte de curry et l'huile à chauffer pendant 1 minute. Incorporez le bouillon de légumes, le lait de coco et le sucre, puis laissez frémir 3 minutes.

2 Ajoutez les nouilles, les carottes et le chou chinois. Prolongez la cuisson de 6 minutes, puis incorporez les germes de soja et les tomates à la préparation. Pressez le citron vert. Versez quelques gouttes du jus dans la soupe, selon votre goût, et rectifiez éventuellement l'assaisonnement. Servez dans des bols, puis parsemez d'oignons nouveaux et de coriandre.

Soupe miso et nouilles de riz aux shiitake

Pour 2 personnes
Préparation et cuisson : 15 min

3 sachets de 8 g de soupe miso instantanée
60 cl d'eau chaude
4 à 6 champignons shiitake
2 oignons nouveaux
50 g de pousses de soja
50 g de nouilles de riz spéciales cuisson au wok
100 g de tofu en cubes ou de crevettes décortiquées
sauce soja
huile de sésame

1 Dans une casserole, mettez la préparation pour soupe miso avec l'eau chaude et portez à ébullition. Coupez les champignons en fines lamelles et émincez les oignons. Ajoutez-les dans la casserole avec les pousses de soja et les nouilles de riz. Faites cuire le tout plusieurs minutes, jusqu'à ce que les nouilles soient tendres.

2 Avec une louche, répartissez la soupe dans 2 bols. Ajoutez les dés de tofu ou les crevettes et versez un filet de sauce soja et d'huile de sésame avant de servir.

Curry de pommes de terre

Pour 4 personnes
Préparation et cuisson : 1 h

750 g de pommes de terre
1 oignon
2 cuill. à soupe de curry en poudre
400 g de tomates concassées en conserve
2 cuill. à soupe de chutney à la mangue
3 cuill. à soupe d'eau bouillante
100 g de yaourt nature allégé
1 cuill. à café de sauce à la menthe (au rayon « produits du monde » des grandes surfaces)
1 petit bouquet de coriandre
8 tortillas
sel et poivre du moulin

POUR SERVIR
chutney à la mangue (facultatif)

1 Pelez les pommes de terre et coupez-les en dés. Épluchez l'oignon, puis émincez-le. Dans une casserole, réunissez les pommes de terre, l'oignon, le curry, les tomates, le chutney et l'eau bouillante. Remuez bien, salez, poivrez, puis laissez cuire 25 minutes à couvert à feu doux.

2 Mélangez le yaourt avec la sauce à la menthe dans un bol. Effeuillez la coriandre. Faites chauffer les tortillas au four à micro-ondes, puis répartissez le curry dessus et ajoutez quelques brins de coriandre. Nappez de yaourt à la menthe et éventuellement de chutney. Roulez les tortillas, puis servez.

DHAL DE LENTILLES AUX LÉGUMES

POUR 4 PERSONNES
Préparation et cuisson : 50 min

2 cuill. à soupe d'huile de tournesol
2 oignons
4 cuill. à soupe de pâte de curry
80 cl de bouillon de légumes
750 g de légumes-racines surgelés
100 g de lentilles corail
1/2 cuill. à café de curcuma
200 g de riz basmati
1 poignée de persil
1 poignée de raisins secs
sel

POUR SERVIR
poppadum (galettes indiennes)
chutney à la mangue

1 Faites chauffer l'huile dans une sauteuse. Pelez les oignons, coupez-les en quartiers, puis laissez-les dorer dans l'huile à feu vif pendant 8 minutes. Ajoutez la pâte de curry, remuez et faites chauffer 1 minute. Mouillez avec 2 cuillerées à soupe de bouillon, déglacez le fond de la casserole avec une cuillère en bois, puis complétez avec le reste du bouillon. Incorporez les légumes surgelés, couvrez et laissez mijoter 5 minutes. Ajoutez les lentilles, puis prolongez la cuisson de 15 à 20 minutes, jusqu'à ce que les légumes et les lentilles soient cuits.

2 Portez de l'eau à ébullition, saupoudrez de curcuma et plongez-y le riz pour 12 minutes. Égouttez-le.

3 Ciselez grossièrement le persil. Salez le curry, puis incorporez le persil et les raisins secs. Répartissez le riz dans les assiettes, et ajoutez le curry de lentilles par-dessus. Servez accompagné de poppadum et de chutney.

DHAL D'ÉPINARDS AU PANEER

POUR 2 PERSONNES
Préparation et cuisson : 30 min

250 g de lentilles corail
1 gousse d'ail
1 morceau de gingembre de 4 cm
200 g de paneer (dans les épiceries indiennes)
1 cuill. à soupe d'huile de tournesol
2 cuill. à café de garam masala (mélange d'épices indien)
20 cl de lait de coco allégé
100 g de pousses d'épinards

POUR SERVIR
quelques feuilles de coriandre
naan (pains indiens)

1 Rincez les lentilles. Pilez l'ail, puis pelez le gingembre et râpez-le. Détaillez le paneer en dés de 2 cm de côté. Mettez les lentilles dans une casserole d'eau froide, puis portez à ébullition et laissez cuire 12 minutes. Pendant ce temps, faites chauffer l'huile dans une autre casserole. Laissez revenir l'ail, le gingembre et le garam masala à feu doux pendant 3 minutes. Réservez 2 cuillerées à soupe du lait de coco et versez le reste dans la casserole. Égouttez les lentilles et ajoutez-les à la préparation, puis prolongez la cuisson de 5 minutes.

2 Préchauffez le gril du four à température maximale. Tapissez une plaque de cuisson d'une feuille d'aluminium et disposez les dés de paneer dessus. Enfournez pour 5 minutes, en les retournant à mi-cuisson.

3 Incorporez les pousses d'épinards à la préparation aux lentilles et laissez frémir à feu doux, jusqu'à ce qu'elles commencent à fondre. Répartissez le mélange dans deux bols, garnissez de paneer grillé et nappez du lait de coco réservé. Parsemez de coriandre et servez accompagné de naan.

Dhal à la noix de coco

Pour 4 personnes
Préparation et cuisson : 30 min

2 oignons
2 tomates de taille moyenne
2 ou 3 piments verts
250 g de lentilles corail
40 cl de lait de coco en conserve
1 cuill. à café de curcuma
30 cl d'eau
4 cuill. à soupe d'huile
1 poignée de feuilles de curry fraîches (dans les épiceries asiatiques) ou de feuilles de coriandre
2 cuill. à café de graines de moutarde noires
sel et poivre du moulin

POUR SERVIR
naan (pains indiens)

1 Hachez 1 oignon ainsi que les tomates et coupez les piments verts en lamelles. Dans une casserole, mettez les lentilles, le lait de coco, l'oignon haché, les tomates, les piments et le curcuma, puis versez l'eau. Salez, poivrez et laissez mijoter 20 minutes, jusqu'à ce que les lentilles soient cuites.

2 Coupez en rondelles le deuxième oignon et faites-le revenir dans une poêle, dans l'huile, jusqu'à ce qu'il soit croustillant. Ajoutez les feuilles de curry ou de coriandre et les graines de moutarde et faites rissoler le tout. Versez sur les lentilles et servez avec des naan.

Naan et lentilles à l'indienne

Pour 4 personnes
Préparation et cuisson : 30 min

2 oignons
4 tomates
400 g de lentilles vertes
2 cuill. à soupe d'huile végétale
1 cuill. à café bombée de curcuma en poudre
1 cuill. à café de cumin en poudre
4 naan (pain indien) nature, à l'ail ou à la coriandre
1 poignée de feuilles de coriandre
1 yaourt nature
sel et poivre du moulin

POUR SERVIR
quartiers de citron (facultatif)

1 Préchauffez le gril du four. Pelez les oignons et détaillez-les en lamelles. Coupez les tomates en morceaux, rincez les lentilles, puis égouttez-les.

2 Mettez l'huile à chauffer dans une grande poêle. Incorporez les oignons et faites-les dorer de 5 à 8 minutes. Ajoutez le curcuma et le cumin, puis laissez-les revenir pendant 1 minute. Incorporez les tomates et faites-les cuire quelques minutes. Ajoutez les lentilles et laissez-les chauffer 1 minute.

3 Pendant ce temps, coupez les naan en deux et réchauffez-les sous le gril du four ou dans un grille-pain.

4 Versez 3 ou 4 cuillerées à soupe d'eau dans la poêle et laissez chauffer la préparation quelques minutes. Pendant ce temps, ciselez la coriandre et parsemez-la sur les aliments, puis assaisonnez. Répartissez les naan sur quatre assiettes et servez la préparation sur chacun d'eux. Ajoutez 1 cuillerée à soupe de yaourt sur chaque portion de lentilles et, si vous le souhaitez, servez avec un quartier de citron.

Pois chiches pimentés au tamarin

Pour 2 personnes
Préparation et cuisson : 25 à 35 min

1 oignon
3 piments verts
400 g de pois chiches en conserve
1 cuill. à soupe d'huile végétale ou de tournesol
1/2 cuill. à café de graines de nigelle (dans les épiceries orientales)
1 cuill. à café de graines de fenouil
400 g de tomates concassées en conserve
2 à 3 cuill. à café de sucre roux en poudre
1 cuill. à café de paprika en poudre
1 cuill. à café de curcuma en poudre
1 cuill. à soupe de pâte de tamarin
1 petite poignée de feuilles de coriandre
125 g de pousses d'épinards

POUR SERVIR
yaourt nature
chapatis

1 Pelez l'oignon, puis hachez-le. Épépinez les piments et coupez-les en lamelles dans la longueur. Égouttez les pois chiches, puis rincez-les.

2 Faites chauffer l'huile dans une casserole et laissez revenir les graines de nigelle et de fenouil pendant 10 secondes. Incorporez l'oignon et faites-le colorer à feu doux de 8 à 10 minutes.

3 Ajoutez les tomates, les piments, le sucre, les épices et les pois chiches. Portez à ébullition, puis laissez mijoter 10 minutes. Incorporez la pâte de tamarin, ciselez la coriandre, puis parsemez-en la préparation. Ajoutez les épinards en mélangeant délicatement. Servez avec le yaourt et les chapatis.

Riz et légumes au curry

Pour 4 personnes
Préparation et cuisson : 45 min

1 oignon
2 carottes
1 chou-fleur
100 g de petits pois surgelés
2 cuill. à soupe d'huile de tournesol
200 g de riz basmati
50 g de lentilles corail
3 cuill. à soupe bombées de pâte de curry korma
1 poignée de noix de cajou grillées

POUR SERVIR
yaourt nature
chutney de mangue

1 Pelez l'oignon et hachez-le. Épluchez les carottes et coupez-les en dés. Détaillez le chou-fleur en bouquets et faites décongeler les petits pois.

2 Mettez l'huile à chauffer dans une casserole, ajoutez l'oignon et les carottes, puis laissez-les dorer 5 minutes. Incorporez le riz et les lentilles, faites-les revenir pendant 1 minute, puis ajoutez la pâte de curry et 90 cl d'eau. Portez à ébullition et laissez cuire 10 minutes à couvert.

3 Ajoutez le chou-fleur et prolongez la cuisson de 10 minutes. Incorporez les petits pois 2 minutes avant la fin de la cuisson. Parsemez le plat de noix de cajou et servez-le accompagné de yaourt et de chutney.

Curry de légumes vindaloo

Pour 6 personnes
Préparation et cuisson : 35 min

2 courgettes
400 g de pois chiches en conserve
1/2 chou-fleur
1 cuill. à soupe d'huile de tournesol
3 cuill. à soupe de pâte de curry vindaloo
1/2 citron
1 cuill. à soupe de vergeoise
40 cl de sauce tomate
250 g d'épinards
sel et poivre du moulin

POUR SERVIR
riz basmati

1 Coupez les courgettes en deux dans la longueur, puis en larges tronçons. Égouttez les pois chiches, rincez-les et détaillez le chou-fleur en petits bouquets. Dans une grande casserole, mettez l'huile à chauffer, puis faites frire la pâte de curry pendant 1 minute. Pressez le demi-citron, versez le jus dans la casserole et saupoudrez de vergeoise. Laissez cuire le tout 1 minute, puis ajoutez les courgettes et le chou-fleur. Brassez l'ensemble et prolongez la cuisson de 2 minutes.

2 Versez la sauce tomate et 10 cl d'eau dans le curry, incorporez les pois chiches à la préparation, puis assaisonnez selon votre goût. Portez à ébullition, couvrez et laissez mijoter 15 minutes à couvert.

3 Ajoutez les épinards au curry, remuez jusqu'à ce qu'ils fondent légèrement, puis arrêtez le feu et servez sans attendre avec du riz basmati.

Curry de courge à l'indienne

Pour 4 personnes
Préparation et cuisson : 1 h

1 oignon rouge
1 courge
4 grosses tomates
400 g de pois chiches en conserve
1 cuill. à soupe d'huile d'olive
2 cuill. à soupe de pâte de curry doux
15 cl de bouillon de légumes
1 petite poignée de coriandre
3 cuill. à soupe de yaourt à la grecque

POUR SERVIR
200 g de riz basmati complet cuit
chapatis (facultatif)

1 Pelez l'oignon et la courge. Épépinez la courge, puis coupez le tout en dés. Hachez grossièrement les tomates. Égouttez les pois chiches et rincez-les. Dans une casserole, mélangez l'huile avec l'oignon et la pâte de curry. Ajoutez les dés de courge, remuez bien, puis incorporez les tomates et les pois chiches à la préparation. Arrosez de bouillon. Couvrez, puis laissez cuire 25 minutes à feu doux.

2 Hachez la coriandre. Arrêtez la mijoteuse, puis intégrez le yaourt et la coriandre au curry. Servez avec du riz et, si vous le souhaitez, des chapatis.

Légumes korma

Pour 4 personnes
Préparation et cuisson : 1 h

1 oignon
3 gousses de cardamome
1 cuill. à soupe d'huile végétale
2 cuill. café de cumin en poudre
2 cuill. à café de coriandre en poudre
1/2 cuill. à café de curcuma en poudre
1 gousse d'ail
1 morceau de gingembre de 5 cm
1 piment vert
800 g de légumes mélangés (par exemple carottes, chou-fleur, pommes de terre et courgettes)
40 cl de bouillon de légumes chaud
200 g de petits pois surgelés
200 g de yaourt nature
2 cuill. à soupe d'amandes en poudre
1 poignée d'amandes effilées
quelques feuilles de coriandre
sel et poivre du moulin

POUR SERVIR
riz basmati ou naan (pains indiens)

1 Pelez l'oignon et hachez-le, puis écrasez les gousses de cardamome. Mettez l'huile à chauffer dans une casserole à feu doux. Faites revenir l'oignon avec la cardamome et les épices en poudre 5 ou 6 minutes dans la casserole. Pendant ce temps, pelez l'ail et le gingembre, épépinez le piment, puis hachez le tout. Ajoutez-les dans la casserole et prolongez la cuisson de 1 minute.

2 Hachez les légumes, puis ajoutez-les dans la casserole. Arrosez de bouillon et laissez cuire 25 minutes à couvert.

3 Faites décongeler les petits pois au four à micro-ondes en position décongélation. Incorporez-les à la préparation avec le yaourt, les amandes en poudre, du sel et du poivre, puis laissez reposer 5 minutes. Pendant ce temps, faites griller les amandes effilées à sec dans une poêle antiadhésive. Parsemez-en le plat, puis ajoutez la coriandre. Servez avec du riz basmati ou des naan.

LÉGUMES À L'INDIENNE

POUR 4 PERSONNES
Préparation et cuisson : 20 min

4 piments verts
1 morceau de gingembre de 4 cm
1 cuill. à soupe d'huile végétale
1 cuill. à café de graines de cumin
1/2 cuill. à café de graines de moutarde noires
1/2 cuill. à café de curcuma
500 g de légumes verts à feuilles émincés
100 g de petits pois surgelés
le jus de 1 citron
1/2 cuill. à café de coriandre en poudre
1 petit bouquet de coriandre
2 cuill. à soupe de noix de coco râpée
sel

1 Épépinez et hachez les piments. Râpez le gingembre. Faites chauffer l'huile dans un wok ou une grande poêle antiadhésive et faites revenir les graines de cumin et de moutarde pendant 1 minute. Ajoutez ensuite les piments, le gingembre et le curcuma et prolongez la cuisson jusqu'à ce qu'il se dégage une forte odeur aromatique. Ajoutez ensuite les légumes, 1 pincée de sel, un petit peu d'eau et les petits pois. Couvrez et laissez mijoter pendant 4 ou 5 minutes, jusqu'à ce que les feuilles aient fondu.

2 Incorporez ensuite le jus de citron, la coriandre en poudre, la moitié de la coriandre fraîche grossièrement hachée et la moitié de la noix de coco. Mélangez bien l'ensemble. Transférez sur un plat de service et servez parsemé du reste de noix de coco et de coriandre fraîche hachée.

DESSERTS

Granités de pomelos au gingembre

Pour 6 personnes
Préparation : 10 min
Congélation : 3 h

1 ou 2 morceaux de gingembre de 3 cm (selon le goût)
150 g de sucre en poudre
75 cl de jus de pamplemousse rose
7 gouttes d'angustura (facultatif)

1 Râpez finement le gingembre. Faites chauffer le sucre dans une casserole à feu doux avec le jus de pamplemousse et le gingembre, sans atteindre l'ébullition, jusqu'à ce qu'il soit complètement dissous. Laissez refroidir.

2 Filtrez le jus pour ôter le gingembre, ajoutez éventuellement l'angustura et versez la préparation dans un récipient creux, peu profond. Placez au congélateur. Quand la préparation a épaissi, sortez le plat du congélateur, grattez la surface avec une fourchette pour former des petits cristaux puis remettez au froid. Renouvelez l'opération toutes les heures pendant 3 heures.

3 Au moment de servir, grattez une dernière fois la surface à la fourchette pour bien détacher les paillettes. Servez dans des verrines que vous aurez préalablement glacées.

Verrines au gingembre

Pour 4 personnes
Préparation : 15 min

3 morceaux de gingembre au sirop
30 cl de crème fraîche épaisse, bien froide
3 cuill. à soupe de sirop de gingembre
4 cuill. à soupe de vin de gingembre

1 Découpez quatre tranches fines dans les morceaux de gingembre au sirop et hachez le reste.

2 Fouettez la crème fraîche pour obtenir une chantilly ferme, ajoutez le sirop et le vin de gingembre, puis le gingembre haché et fouettez encore un peu.

3 Répartissez la crème dans quatre verrines, décorez avec les tranches de gingembre confit et servez.

Sorbet aux litchis et au citron vert

Pour 6 personnes
Préparation : 15 min
Congélation : 6 h + 1 nuit

2 citrons verts
1,2 kg de litchis au sirop en conserve
50 g de sucre en poudre
1 blanc d'œuf

1 La veille, prélevez le zeste des 2 citrons verts et pressez l'un de ceux-ci. Versez les deux tiers du sirop des litchis dans une casserole, ajoutez le sucre, chauffez à feu doux jusqu'à ce qu'il se dissolve puis portez à ébullition pendant 1 minute.

2 Hachez finement une grande partie des litchis à l'aide d'un mixeur. Tout en continuant à mixer, versez le jus de citron et le sirop que vous venez de préparer (il est normal que le mélange ne soit pas encore onctueux à ce stade). Versez la préparation dans un moule de 1,75 l et placez le tout au congélateur pendant au moins 6 heures.

3 Mettez le mélange surgelé dans le bol du mixeur, ajoutez le blanc d'œuf, mixez de nouveau, jusqu'à l'obtention d'un mélange pâle, à la fois épais et onctueux. Incorporez la moitié du zeste de citron. Versez la préparation dans le moule, et remettez le tout au congélateur, de préférence une nuit entière. Servez le sorbet dans des coupes avec quelques litchis et décorez de zeste de citron.

Carrés de riz et sauce à la mangue

Pour 4 personnes
Préparation et cuisson : 45 min
Réfrigération : 2 h

175 g de riz thaï parfumé
25 cl de crème de coco
85 g de sucre en poudre

POUR LA SAUCE À LA MANGUE
2 mangues
1/2 citron vert
2 cuill. à soupe de sucre
en poudre

1 Mettez le riz dans un plat allant au micro-ondes, ajoutez la crème de coco, le sucre et 20 cl d'eau. Couvrez d'un film alimentaire, percez-le et faites cuire 5 minutes au micro-ondes à puissance moyenne. Réglez ensuite le micro-ondes en position décongélation et prolongez la cuisson de 20 à 25 minutes. Transposez la préparation dans un plat carré puis étalez-la en une couche uniforme. Couvrez et placez au réfrigérateur pendant 2 heures.

2 Préparez la sauce à la mangue. Pelez les mangues et dénoyautez-les. Détaillez-en une en dés et coupez l'autre en lamelles. Pressez le jus du demi-citron vert. Mettez les dés de mangue, le jus de citron et le sucre dans le bol d'un robot, puis réduisez le tout en purée.

3 Quand le riz est ferme, coupez-le en 16 carrés. Servez avec la sauce à la mangue et les lamelles de mangue.

Kulfis aux prunes

Pour 6 personnes
Préparation et cuisson : 35 min
Congélation : 4 h

3 gousses de cardamome
700 g de quetsches
100 g de sucre en poudre
40 cl de lait concentré
15 cl de lait
2 cuill. à soupe de pistaches

1 Fendez les gousses de cardamome pour ôter les graines, puis pilez-les dans un mortier ou dans un bol. Mettez-les dans une casserole avec les quetsches coupées en deux et dénoyautées, le sucre et 5 cuillerées à soupe d'eau. Portez à ébullition, puis faites pocher 10 minutes à feu doux à couvert. Réduisez la préparation en purée à aide d'un robot et laissez refroidir.

2 Mélangez le lait concentré avec le lait et 30 cl de purée de prunes. Versez le mélange dans six moules individuels ou ramequins, puis faites glacer pendant 4 heures au congélateur.

3 Pour démouler les glaces, plongez les moules dans de l'eau chaude pendant quelques instants et servez-les sur six assiettes à dessert avec le reste de purée de prunes et des pistaches hachées.

Kulfis aux pistaches et mangues grillées

Pour 6 personnes
Préparation : 25 min
Congélation : 4 h

450 g de lait concentré
2 cuill. à soupe d'eau de rose (dans les épiceries orientales)
50 g de pistaches
30 cl de crème fraîche épaisse
3 petites mangues bien mûres

POUR SERVIR
quelques pistaches
jus de citron vert (facultatif)

1 Dans un saladier, mélangez le lait concentré avec l'eau de rose et les pistaches finement hachées. Fouettez la crème fraîche puis incorporez-la dans le mélange.

2 Versez la préparation dans six ramequins. Couvrez-les de film alimentaire, puis mettez au congélateur pendant au minimum 4 heures.

3 Coupez les mangues en deux de part et d'autre du noyau, sans les peler. Entaillez la chair en forme de croisillons, sans couper la peau. Faites griller les mangues côté peau vers le haut sur un barbecue ou vers le bas, sous le gril du four, jusqu'à ce qu'elles commencent à dorer. Laissez les moitiés de mangue telles quelles, ou retournez la peau pour faire ressortir la chair. Servez avec les kulfis décorés de pistaches grossièrement hachées et arrosés éventuellement de jus de citron.

Glace à la mangue et à la cardamome

Pour 6 personnes
Préparation : 1 h 15
Congélation : 12 h

1 cuill. à café de cardamome en poudre ou 30 gousses de cardamome
1 mangue
2 cuill. à soupe de pistaches
1,5 l de lait entier
200 g de sucre blond
1 cuill. à soupe de noix de coco séchée

POUR SERVIR
1 citron vert
quelques graines de cardamome

1 Si vous utilisez des gousses de cardamome, extrayez les graines et pilez-les. Pelez la mangue et coupez-la en tranches. Concassez les pistaches.

2 Faites bouillir le lait et le sucre dans une casserole, et laissez fondre le sucre 15 minutes en remuant de temps en temps. Baissez le feu, puis faites mijoter de 35 à 45 minutes, en brassant régulièrement. Ajoutez la cardamome.

3 Laissez refroidir le mélange à température ambiante et versez-le dans un saladier. Incorporez les pistaches, la noix de coco et les trois quarts de la mangue, puis transférez la préparation dans six coupes. Placez une nuit au congélateur. Si vous n'avez pas de sorbetière, congelez le lait refroidi pendant 1 heure, ajoutez les pistaches, la noix de coco et transférez la préparation dans des coupes avant de la congeler.

4 Pressez le citron vert. Sortez les coupes du congélateur 5 minutes avant de servir puis démoulez les glaces sur des assiettes à dessert. Servez avec des graines de cardamome, les tranches de mangue restantes et le jus de citron.

Sabayons à la mangue et à la cardamome

Pour 8 sabayons
Préparation : 25 min

4 grosses mangues
10 gousses de cardamome
le zeste et le jus de 2 citrons verts
85 g de sucre glace
4 cuill. à soupe de cognac
60 cl de crème fraîche épaisse
4 meringues moyennes
quelques feuilles de menthe

1 Réduisez la chair de 2 mangues en purée, à l'aide d'un mixeur. Hachez finement la chair des 2 autres avant de l'incorporer dans la purée (réservez-en un peu). Répartissez le tout dans huit verrines.

2 Retirez les graines de cardamome des gousses. Réduisez les graines de cardamome en poudre, puis mettez-les dans un saladier avec le zeste finement râpé et le jus de citrons verts, le sucre glace et le cognac. Remuez délicatement, puis incorporez la crème fraîche et fouettez l'ensemble. Incorporez les meringues légèrement écrasées.

3 Répartissez la préparation dans les verrines, sur la purée de mangue, et ajoutez le reste de mangue hachée. (Vous pouvez préparer ces verrines 1 heure à l'avance.) Décorez de feuilles de menthe puis servez.

Verrines à la mangue et aux fruits de la Passion

Pour 4 personnes
Préparation : 10 min + réfrigération

2 fruits de la Passion
2 grosses mangues bien mûres
le jus de 1 citron vert
300 g de yaourt à la grecque

1 Coupez les fruits de la Passion en deux et pelez les mangues à l'aide d'un Économe. Découpez la chair d'une mangue en petits dés et réservez ceux-ci.

2 Détachez la chair de la seconde mangue et réduisez-la en purée à l'aide d'un robot. Prélevez les graines d'un fruit de la Passion, puis ajoutez-les à la purée de mangue. Arrosez de jus de citron vert. Incorporez délicatement le yaourt et la moitié des dés de mangue à la purée de fruits.

3 Répartissez la préparation dans quatre verrines, puis garnissez du reste de dés de mangue. Réservez au réfrigérateur jusqu'au moment de servir. Prélevez les graines des fruits de la Passion restants et parsemez-en les verrines, puis servez.

Crèmes fruitées à la noix de coco

Pour 4 personnes
Préparation : 15 min

50 g de crème de coco
500 g de yaourt à la grecque
85 g de sucre glace
quelques gouttes d'extrait de vanille
2 kiwis
400 g d'ananas en tranches en conserve

1 Dans une casserole, portez 3 ou 4 cuillerées à soupe d'eau à ébullition, puis délayez la crème de coco. Laissez refroidir. Dans un saladier, mélangez le yaourt, le sucre glace et la vanille. Incorporez la crème de coco, puis répartissez la préparation dans des verrines. Réservez au frais.

2 Pelez les kiwis, égouttez l'ananas et coupez le tout en petits dés. Parsemez-en la crème et servez bien frais.

INDEX DES RECETTES PAR ORDRE ALPHABÉTIQUE

TABLE DES ÉQUIVALENCES FRANCE-CANADA

Poids	55 g	100 g	150 g	200 g	250 g	300 g	500 g	750 g	1 kg
	2 onces	3,5 onces	5 onces	7 onces	9 onces	11 onces	18 onces	27 onces	36 onces

Ces équivalences permettent de calculer le poids à quelques grammes près (en réalité, 1 once = 28 g).

Capacités	5 cl	10 cl	15 cl	20 cl	25 cl	50 cl	75 cl
	2 onces	3,5 onces	5 onces	7 onces	9 onces	17 onces	26 onces

Pour faciliter la mesure des capacités, une tasse équivaut ici à 25 cl (en réalité, 1 tasse = 8 onces = 23 cl).

Crédits photographiques
Iain Bagwell : p. 25 ; Steve Baxter : p. 53 ; Peter Cassidy : p. 4(h), 5(m), 9, 33, 63, 109(h), 135, 192(m), 199 ; Jean Cazals : p. 192(b), 197, 201 ; Ken Field : p. 179 ; Gus Filgate : p. 123, 192(h), 195 ; Will Heap : p. 41 ; Richard Kolker : p. 152(m), 161 ; Gareth Morgans : p. 11, 81, 87, 101, 103, 108(m), 117, 121, 143, 145, 153(h), 153(m), 175, 183, 193(b), 213 ; David Munns : p. 7, 21, 31, 42(h), 42(m), 42(b), 43(b), 45, 51, 57, 67, 69, 73, 75, 91, 93, 97, 105, 107, 109(b), 151, 167, 169, 207 ; Myles New : p. 2, 17, 37, 43(m), 59, 71, 85, 108(h), 113, 115, 119, 125, 177, 185 ; Elisabeth Parsons : p. 109(m), 137, 147, 193(h), 193(m), 205, 209 ; Lis Parsons : p. 15, 19, 35, 77, 152(h), 155, 157, 159, 163, 211 ; Micheal Paul : p. 61, 187 ; Graig Robertson : p. 139, 141 ; Howard Shooter : p. 47 ; Roger Stowell : p. 5(b), 27, 39, 43(h), 49, 79, 89, 95, 99, 108(b), 131, 149, 173, 181, 203 ; Simon Walton : p. 4(m), 13, 111, 127 ; Philip Webb : p. 4(b), 5(h), 23, 29, 55, 65, 83, 129, 133, 152(b), 171, 189 ; Jonathan Whitaker : p. 165 ; Kate Whitaker : p. 153(b), 191.

Édition originale
Ces recettes ont été publiées pour la première fois par BBC Books,
une marque de Ebury Publishing, un département de The Random House Group Ltd.

Édition française
Direction de la publication : Isabelle Jeuge-Maynart et Ghislaine Stora
Direction éditoriale : Émilie Franc
Coordination éditoriale : Alice Dauphin
Suivi éditorial et mise en page : Céladon éditions
Informatique éditoriale : Philippe Cazabet
Couverture : Maeva Lebegue
Fabrication : Donia Faiz

ISBN : 978-2-03-593028-6

Imprimé en Espagne par Unigraf
318672/01 – 11034050 – octobre 2016
Dépôt légal : janvier 2017